PSICOLÓGICAMENTE HABLANDO

Adrián Triglia
Bertrand Regader
Jonathan García-Allen

PSICOLÓGICAMENTE HABLANDO

PAIDÓS

Barcelona
Buenos Aires
México

Diseño de la cubierta: Planeta Arte & Diseño
Ilustración de la cubierta: © Edmon de Haro

1.ª edición, septiembre de 2016

ISBN: 978-84-493-3242-5
Fotocomposición: Anglofort, S. A.
Depósito legal: B. 14.101-2016
Impresión y encuadernación: Huertas Industrias Gráficas, S. A.

El papel utilizado para la impresión de este libro es cien por cien libre de cloro y
está calificado como papel ecológico

Impreso en España – *Printed in Spain*

SUMARIO

Introducción. Comprendiéndonos...................................... 9

Capítulo 1. ¿Qué es la psicología? Conceptos
fundamentales 13

Capítulo 2. La historia de la psicología.
Las grandes preguntas como punto de partida............. 31

Capítulo 3. El nacimiento de una nueva ciencia.
Galton, Wundt y William James..................................... 55

Capítulo 4. Divanes, cajas negras y figuras.
Las distintas escuelas de la psicología........................ 79

Capítulo 5. Pero ¿esto es ciencia? Construir
conocimiento válido sobre nuestra psique 117

Capítulo 6. Neuronas, cerebro y sistema nervioso.
¿Cómo funciona la maquinaria de nuestra mente? 133

Capítulo 7. Emociones, instintos y necesidades.
Estudiando todo aquello que nos mueve....................... 169

Capítulo 8. Memoria y creación de conceptos.
Cómo nos transforman las experiencias 195

Capítulo 9. Psicología del aprendizaje.
Desde las aulas hasta la consulta de psicoterapia 223

Capítulo 10. Psicología evolucionista.
    Adaptando las ideas de Darwin 243

Capítulo 11. Psicología social. La interacción
    entre individuo y grupo 259

Capítulo 12. Lo inconsciente. La cara oculta
    de nuestra vida mental.. 275

Bibliografía 299

INTRODUCCIÓN
COMPRENDIÉNDONOS

Resulta tentador, ¿verdad? Detenerse un momento para observar lo que hacen las personas, centrar la atención en diferentes aspectos de su comportamiento y extraer conclusiones. Conclusiones acerca de su personalidad, de la manera como toman sus decisiones, del modo en que ocultan sus miedos, de las situaciones en las que actúan con naturalidad y de aquellas otras en las que tienen que fingir. Es realmente tentador no limitarse a contemplar lo que hace la gente, sino saber reconocer las tendencias y los patrones que quedan delineados tímidamente bajo la superficie de lo que salta a la vista. Lo hacemos con nuestros amigos, con nuestros familiares, con las personas que nos dan órdenes y con aquellas a las que les queremos vender algo, incluso lo hacemos con personajes de películas y novelas.

El día a día es nuestro laboratorio, y nos provee de una cantidad enorme de sujetos susceptibles de estudio. Así que todo el mundo puede jugar a pretender saber muchas cosas sobre la manera en la que los seres humanos pensamos, sentimos y actuamos. Y es que si hay un tipo de conocimiento estimulante, ése es el que tiene que ver con lo que tradicionalmente se ha venido llamando «psique» humana. Un conocimiento muy útil, porque nos descubre la realidad que nos rodea, pero que al mismo tiempo puede resultar algo inquietante, porque nos revela también aspectos de nosotros mismos que nos ayudan a comprendernos mejor. Es, por tanto, prácticamente imposible no interesarse en él.

Conocernos a nosotros mismos nos ayuda a definir posibles

estrategias para mejorar nuestros puntos débiles y nos ofrece información de primera mano sobre nuestra persona, algo que nos encanta. Nos gusta dirigir nuestra mirada hacia dentro, jugar a reconocer todo lo que nos hace humanos y únicos, lo que nos caracteriza como seres con motivaciones propias y objetivos hechos a medida. Pero, y aquí viene lo complicado, a la vez queremos intentar comprender por qué somos así.

De modo que ahí estamos, intentando crear teorías que expliquen lo que nos hace únicos y a la vez lo que nos une con el resto de la humanidad, y aplicando estrategias prácticas para obtener efectos en los otros (sonreír mucho, mirar todo el rato a los ojos, dar la mano con firmeza) y en nosotros mismos (esconder la comida para no picar entre horas, poner música para concentrarnos mejor). Todos lo hacemos, en ocasiones hasta sin darnos cuenta, e invertimos mucho tiempo y esfuerzo en ello. La pregunta es: ¿son correctas nuestras creencias sobre cómo pensamos, sentimos y actuamos? ¿Hasta qué punto ciertas ideas sobre el funcionamiento de la mente humana se basan en datos fiables en vez de ser una simple opinión?

Desde luego, si alguien nos planteara enfrentarnos a estas preguntas sin ayuda, lo más probable es que no supiéramos ni por dónde empezar y hasta notáramos una sensación de vértigo. Es normal; el estudio de nuestra mente y comportamientos se encuentra en la encrucijada entre la investigación científica y la filosofía, y tanto los científicos como los filósofos suelen asustar bastante (o, al menos, los textos con los que trabajan). Por suerte, hay una disciplina académica que lleva décadas ocupándose de plantearse estas incógnitas y aportando respuestas, investigando el modo en el que percibimos la realidad y actuando sobre ella, actuando de puente entre el estudio de nuestro cuerpo, todo tipo de ciencias sociales y la filosofía y contribuyendo a hacer evolucionar la imagen que tenemos sobre nosotros mismos. Ya habréis adivinado que nos estamos refiriendo a la psicología.

Este libro es algo así como una pista de aterrizaje para aquellas personas que sienten curiosidad por la psicología y quieren empezar a empaparse de esta ciencia desde cero, sin tener conocimientos previos, o que incluso se plantean empezar a estudiar una carrera universitaria sobre el tema. Personas interesadas en profundizar más en cómo actuamos, cómo sentimos, cómo nos relacionamos y lo que implica todo eso, tanto para uno mismo como para los demás.

Nuestro objetivo como autores de los textos que vais a leer es descubriros aspectos interesantes del comportamiento humano y su manera de experimentar las cosas que os ayuden a desarrollar el criterio necesario para posicionaros sobre estos temas. Que os deis cuenta de que muchas de vuestras dudas ya las abordaron otras personas en el pasado y descubráis que hubo quien se propuso explicar cómo el espíritu le da órdenes al cuerpo. Que leáis acerca de cómo los investigadores se han propuesto estudiar la consciencia, se han rendido y ahora vuelven a estudiarla. Que entendáis cómo alguien llamado Sigmund Freud quiso explicar el modo en el que lo que intentamos reprimir actúa a través de decisiones tomadas de manera aparentemente libre y veáis cómo diferentes áreas del cerebro son responsables de aspectos de vuestro modo de percibir las cosas que ni siquiera sabíais que existían. Que comprendáis, en definitiva, lo que sabemos sobre nuestro funcionamiento psicológico y cómo hemos llegado a ese conocimiento.

¿Qué es la consciencia? ¿Somos racionales cuando tomamos decisiones? ¿Actuamos con libertad? ¿Percibimos las cosas de manera distinta dependiendo de nuestro sexo? En este libro trataremos no sólo las respuestas que la psicología da a ciertas preguntas, sino también la razón de ser de estas preguntas. Leeréis como aprendices de psicología, pero al hacerlo actuaréis, también, como lo hacen los filósofos.

Así pues, os damos la bienvenida a un viaje que empieza su recorrido en las dudas fundamentales con las que comienza el estudio de la conducta y la percepción humana.

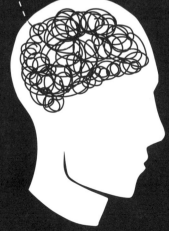

1

¿QUÉ ES LA PSICOLOGÍA?
CONCEPTOS FUNDAMENTALES

Hay una creencia muy extendida vinculada a la psicología: los psicólogos son capaces de leer la mente del resto de las personas. Y es posible que, aunque no seáis del todo consciente, uno de los motivos por los que tenéis interés en hojear este libro sea la posibilidad de descubrir en él formas de predecir el comportamiento de los demás, detectar patrones de conducta típicos de ciertas clases de persona o darle un sentido a la manera de pensar y de actuar de los que os rodean. A fin de cuentas, la idea de conocer a otro más de lo que él se comprende a sí mismo resulta muy seductora.

En tal caso tendremos que daros dos noticias: una buena y otra mala.

La mala noticia es que esta noción de la psicología resulta bastante fantasiosa y bebe de la exageración, porque, tal y como iremos viendo, interpretar los datos que nos proveen las investigaciones sobre cómo pensamos y actuamos requiere espíritu crítico, pero sobre todo exige poner en duda todas aquellas cosas que parecen de sentido común —en psicología pocas cosas son lo que parecen—. La buena noticia es que, dando por válido el hecho de que las creencias anteriores son exageraciones y que la capacidad de «leer la mente» puede entenderse como una licencia retórica, no necesitamos la ayuda de la psicología para hacer nuestros pinitos en eso de intentar saber lo que pasa dentro de la cabeza de los demás, ya que nuestro propio cerebro ha sido tallado por la evolución para trabajar sobre un bucle constante de hipótesis acerca de lo que pueden estar pensando las mentes que hay más allá de la nuestra. De hecho, se trata de una capacidad prácticamente exclusiva de nuestra especie: como seres humanos que somos, nuestros procesos mentales están siempre conectados a lo que creemos que está sucediendo en la cabeza de los otros, a quienes atribuimos intenciones, creencias y deseos.

La mente de toda persona intenta establecer constantemente conexiones con el mundo psicológico de los demás: lo que creemos que quiere alguien, los estados mentales que le atribuimos, lo que suponemos que sabe o no sabe de nosotros, etc. La mente humana no es el imperio del «yo»; no es un simple bloque de pensamientos y sensaciones que hagan referencia a uno mismo, sino que se parece más a una ciudad poblada por diferentes voces y diversas ideas sobre otros puntos de vista que se encuentran más allá de los límites de nuestro cráneo. Y no podemos evitar que esto sea así, para bien y para mal.

Con un ejemplo lo veremos más claro; imaginemos que asistimos a un espectáculo de magia en directo. En esta determinada situación, no sólo somos capaces de maravillarnos con la habilidad con la que el mago juega con nuestra mente para hacernos creer cosas que son imposibles, sino que además, al mismo tiempo, nuestras ganas de encontrar la trampa a los trucos de magia nos lleva a aventurar explicaciones acerca de las intenciones que podrían estar guiando cualquiera de los movimientos que ejecuta el artista. De este modo pensamos en lo que podría estar pensando el mago, y lo hacemos teniendo en cuenta que lo que él piensa está determinado, a su vez, por lo que él cree que sabe y piensa el público en cada momento, ya que su intención es engañar a la audiencia sin que nadie llegue a saber cómo es capaz de hacer lo que hace. Así pues, decidimos usar un rincón de nuestra mente para recrear lo que podría estar pasando en la cabeza del ilusionista. Nuestro cerebro se ha convertido en un sistema mental que simula lo que puede estar ocurriendo en otro sistema mental (el del mago), que a su vez trabaja teniendo en cuenta otro sistema mental (el de sus espectadores), y así podríamos alargar la serie hasta el infinito. En un momento determinado, sin embargo, oímos que el mago pronuncia una frase del estilo de «Este próximo truco es complicado de realizar sin ayuda» y advertimos que dirige una mirada inquisitiva hacia el público. Y lo que sucede entonces es automático, ajeno a nuestra voluntad: nuestro corazón empieza a latir con un pulso significativamente más acelerado, nuestra mirada baja instantáneamente hasta llegar a la altura de nuestros zapatos y notamos cómo sube la temperatura en nuestras mejillas. En este caso no hemos decidido atribuirle estados mentales al mago de manera voluntaria, sino que nuestra recreación de lo que podría ser el sistema mental del mago ha tomado el control de gran parte de nuestro cerebro al instante, sin que podamos hacer gran cosa para evitarlo. Una hipótesis sobre lo que va a pensar y decir otra persona ha ganado la suficiente fuerza como para dirigir nuestros propios actos y nuestro propio pensamiento. El cerebro humano está programado para crear conocimiento acerca de lo que se sabe que ocurre en otros cerebros, pero este conocimiento, a la vez, es algo que no podemos ignorar; nos obliga a posicionarnos ante él, a mover ficha.

Quizá por ese motivo es tan interesante la psicología. Esta disciplina aúna estudios acerca de lo que nos caracteriza como sistemas mentales únicos con otros que se centran más en cómo nos relacionamos con los demás, teniendo en cuenta su manera de actuar y de percibir las cosas. Se plantea las dudas que nos surgen al intentar comprobar hipótesis sobre nosotros mismos y sobre los otros y las lleva hacia el terreno de las ciencias, y todo ello es posible porque nuestro sistema nervioso está diseñado para trabajar a partir de las suposiciones que hacemos sobre el mundo mental de otras personas. Por eso se puede afirmar que la razón de ser de la psicología se encuentra en la manera de funcionar de nuestro propio cuerpo.

LAS SUPOSICIONES DE LA MENTE

Por supuesto, la formulación de hipótesis y de posibles respuestas acerca de lo que ocurre en nuestra mente y en la mente de los demás no puede equivaler a lo que hoy conocemos como psicología. Lo más probable es que la aparición de las grandes preguntas acerca de la propia identidad y sobre el funcionamiento de la mente fuese muy anterior a la escritura, y ya no digamos a la creación de disciplinas de investigación más o menos formalizadas. De hecho, la aparición de este tipo de problemáticas es algo que nos define como especie, ya que la mayoría de los animales no tienen consciencia de sí mismos ni de los demás, en el sentido de que no saben que existen seres vivos con sentimientos, intenciones y maneras particulares de percibir la realidad; la mente de nuestra especie existe como tal porque estamos constantemente pensando en los demás y en cómo los demás piensan en nosotros.

Esto, que puede resultar algo habitual, es un caso único en la naturaleza. Y es que, aunque parece poca cosa, en realidad no lo es: los seres humanos no sólo somos capaces de pensar en los pensamientos y los estados mentales (una habilidad llamada metacognición), sino que además podemos inferir los estados mentales de otros con un éxito sorprendente. Estamos increíblemente programados para suponer las intenciones de alguien e imaginar en qué elemento del entorno está fijando su atención, y somos capaces de atribuirle deseos y creencias, aunque sean creencias que sabemos que son erróneas y que por lo tanto no compartimos con esta persona.

Esta capacidad para comprender y predecir el comportamiento de los demás basándonos en suposiciones sobre sus intenciones, creencias, conocimientos y deseos conforma la Teoría de la Mente (o ToM, del inglés Theory of Mind). La ToM es una facultad que desarrollan la gran mayoría de los seres humanos mayores de cuatro años y sin autismo, y parece ser que también se da en algunas otras especies animales entre las que se encuentran, probablemente, los grandes simios como los chimpancés y los bonobos, los delfines mulares, los elefantes y algunos pájaros de la familia de los cuervos y los loros. La ToM es lo que explica que seamos capaces de generar suposiciones y teorías complejas sobre otros sistemas mentales.

Así que, gracias a predisposiciones genéticas, nos pasamos la vida intentando «leer» lo que pasa en la cabeza de los demás, y normalmente obtenemos unos resultados razonablemente buenos. Sin embargo, esto tiene la contrapartida de que gran parte de nuestros procesos mentales están «secuestrados» por lo que creemos que piensan, saben o sienten los demás; recordemos, por ejemplo, el caso del mago que nos mira como queriendo invitarnos a salir al escenario.

Probablemente, esta capacidad apareció en una etapa de nuestro linaje evolutivo en la que nuestra especie todavía no existía, y la utilidad de esta facultad mental no era tanto responder a preguntas generales sobre quiénes somos y cómo actuamos y sentimos, como dar la posibilidad de cubrir necesidades inmediatas ligadas a situaciones muy concretas. Por ejemplo, el hecho de saber que además de nosotros existen otros seres vivos con una mente propia invita a idear estrategias para engañar a los demás, cooperar con ellos, etc. Sin embargo, el desarrollo tecno-

DATO CURIOSO

La Teoría de la Mente no es la única capacidad humana que explica hasta qué punto nuestra manera de pensar está ligada a los estados mentales que atribuimos a otras personas. Hacia los nueve meses, los niños ya hacen algo que los distingue del resto de las especies: miran hacia el lugar donde mira quien esté con ellos. Y hacia los catorce meses, los bebés son capaces de señalar un lugar para atraer hacia allí la atención de los demás. Según el psicólogo Michael Tomasello, la aparición de estas habilidades señala el punto del desarrollo de los pequeños en el que son capaces de atribuir intenciones a las otras personas, algo necesario para que más tarde pueda desarrollarse la ToM.

Además, la capacidad de inferir la intención de alguien ofrece la posibilidad de mejorar la técnica de aquello que se ha visto hacer a otros en vez de repetir sus gestos sin entender el propósito que hay detrás de ellos. Esta facultad permitió, por ejemplo, que fuésemos perfeccionando la creación de herramientas, algo fundamental para la supervivencia de nuestra especie.

lógico nos ha permitido adoptar un estilo de vida algo menos expuesto a riesgos y ha contribuido a que nuestra habilidad para elucubrar acerca de lo que pueden estar pensando o sintiendo los demás pueda ser empleada para responder a cuestiones más abstractas.

Y es que, aunque es cierto que las preguntas y respuestas provisionales acerca de cómo es la dimensión psicológica de los demás dan forma a nuestra propia dimensión psicológica, también generan incógnitas que no pueden ser resueltas fácilmente, dudas que pueden surgir al intentar comparar lo que creemos saber sobre los procesos mentales propios y ajenos con lo que podría estar sucediendo en realidad. Preguntas como por ejemplo: ¿cómo nos afecta la imagen que los otros tienen de nosotros?, ¿qué aspectos del entorno nos predisponen a actuar de una u otra forma?, ¿somos buenos interpretando lo que los demás quieren decir?, etc. Por ello no resulta extraño que en cierto momento de la historia de la humanidad apareciese la psicología como un esfuerzo más o menos coordinado y sistematizado para responder a preguntas acerca de cómo somos y cómo percibimos la realidad. La psicología, tal y como veremos, no apareció simplemente para atender problemas relacionados con la salud mental, sino que hunde sus raíces en un deseo mucho más general: el de conocernos mejor y el de utilizar esta información para nuestro provecho.

Pero dejemos a un lado esta visión tan abstracta de lo que es la psicología: ha llegado el momento de definirla como concepto.

¿CÓMO DEFINIR LA PSICOLOGÍA?

El sentido común dice que los libros de divulgación deberían empezar presentando de manera suave y amable los temas que se van a tratar, aclarando ciertas dudas iniciales fáciles de resolver. En este caso, sin embargo, esto se cumplirá sólo en parte. Y es que, a la hora de explicar el significado de la palabra *psicología* (algo que no estaría de más que hiciéramos, dado que este libro trata sobre ella), nos encontramos con opiniones tan diversas que da la impresión de que existe una verdadera batalla por hacer que una definición gane sobre las demás. Y cuando decimos batalla nos referimos a una con garrotes dentados, ballestas y todo tipo de artilugios para hacer entrar en razón al contrario, que podría hacernos querer salir corriendo de la escena decepcionados al comprobar hasta qué punto son incompatibles las distintas (y casi infinitas) definiciones de la palabra.

Esto ocurre en muchas ciencias, cierto, pero en el caso de la psicología es muy evidente. A fin de cuentas, definir algo es limitarlo, y si ese algo que puede ser limitado es uno de los factores que sirven para describir lo humano y el modo en el que construimos nuestra manera de experimentar la realidad como algo subjetivo, el enfrentamiento es inevitable.

Porque el hecho de que la palabra *psicología* signifique una u otra cosa no sólo hace variar los objetivos que debe abordar la disciplina, sino que también depende de ello la filosofía con la que se analiza lo que ocurre en nuestra cabeza, y más allá de ella, a través de nuestras acciones y estilos de comportamiento.

Como resultado, podemos decir que es imposible explicar lo que es la psicología sin posicionarse filosóficamente, y lo mejor es renunciar a la posibilidad de encontrar algo parecido a un acercamiento neutral. Así que nosotros, los autores de este libro, tomamos partido definiéndola de esta manera: *la psicología es el estudio científico tanto del comportamiento individual y social como de los procesos mentales de los individuos y los grupos.*

Y, si quisiéramos una versión algo más resumida de la definición, podríamos decir que la psicología es la ciencia de la conducta y de los procesos mentales, porque intenta describir y explicar aspectos relacionados con las percepciones, los sentimientos, la manera de pensar y las acciones. Esta disciplina investiga e interviene sobre nuestra manera de percibir e interiorizar la realidad que nos rodea, pero también hace lo mismo con el modo en el que nosotros actuamos para modificar esta realidad mediante nuestras acciones.

La de antes parece una definición como tantas otras, ¿verdad? Sin embargo, tiene su complicación, porque el hecho de utilizar el término «procesos mentales» en vez de «mente» ya genera controversia, tal y como veremos más adelante, y a la vez, la palabra «ciencia» puede entenderse de distintas formas, aunque hoy en día se asocia a una manera de extraer conocimiento a partir de la comprobación y la refutación de hipótesis basadas en el estudio de la realidad objetiva.

En definitiva, ésta es una definición que pone el énfasis en la necesidad de que esta disciplina se ajuste a los aspectos objetivos y comprobables de nuestra manera de percibir las cosas y de actuar. En cualquier caso, toda descripción de lo que es la psicología acostumbra a ser muy amplia y hasta cierto punto ambigua, ya que se intenta que en ella haya cabida para muchas corrientes, matices y ámbitos de aplicación, y este caso no es una excepción.

Así pues, dejemos de lado los estereotipos acerca de lo que hacen los psicólogos. De ahora en adelante, cuando usemos la palabra *psicología* no nos referiremos ni a la actividad de hacerle preguntas a alguien que está tumbado en un diván, ni a la de dar consejos sobre cómo vivir la vida, ni a la experimentación con cerebros y personas; haremos referencia a la definición que hemos dado antes, un concepto que es increíblemente amplio y que incluye, además de formas de intervención sobre la calidad de vida, investigaciones sobre una gran variedad de temas.

UNA AUSENCIA NOTABLE

Hay otro aspecto que hay que tener en cuenta cuando se dice que «desde el punto de vista de la psicología, los seres humanos nos comportamos de esta manera...». Y es que no sólo hay una disputa por la definición de esta disciplina académica, sino que además, a diferencia de lo que ocurre con otras ciencias naturales como puede ser la biología, por el momento no existe una teoría que unifique todos los enfoques con los que se trabaja en psicología. Eso no significa que no existan ciertos puntos en común entre las diferentes corrientes académicas que históricamente han estado vinculadas a la psicología, sino que no hay una manera definida de hacer que el conocimiento que se produce desde cada una de estas perspectivas encaje formando una teoría coherente y que explique leyes generales de comportamiento y de funcionamiento de la mente. De hecho, tal y como iremos viendo, varias de estas corrientes son totalmente antagónicas, hasta el punto de que en algunos casos, ni los propios seguidores de ciertas teorías creen que su ámbito de trabajo forme parte de lo que hoy se entiende por psicología.

Así que, a menudo, los estudiantes que cursan su primer año de Psicología en la universidad se llevan una pequeña decepción cuando descubren que en cierta manera no hay una psicología, sino muchas. Pero, si nos fijamos en los orígenes de esta ciencia, nos daremos cuenta de que esto no puede ser de otro modo. A fin de cuentas, la palabra *psicología* está compuesta por los términos *psique* y *logos*, y mientras que el segundo significa «estudio» o «conocimiento», el primero significa «aliento vital» o «alma». ¿Cómo se estudia exactamente el aliento vital? ¡Quién sabe! El desarrollo histórico de esta disciplina ha germinado a partir de un punto en el que lo que debe ser analizado es algo difuso y extremadamente difícil de describir, y por eso se han emprendido caminos muy distintos para abordar esta particular conquista de conocimiento.

En definitiva, resulta difícil entender lo que es la psicología limitándonos a una explicación breve de la palabra, puesto que detrás de este concepto hay multitud de detalles y matices que merecen la pena ser explicados. Iremos aclarando tanto estas cuestiones como el trasfondo teórico de los distintos enfoques relacionados con la psicología en las próximas páginas. Sin embargo, llegados a este punto ya podemos pasar al siguiente tema: las distintas áreas de investigación e intervención que abarca esta disciplina.

LAS DISTINTAS RAMAS DE LA PSICOLOGÍA

En el constante intento por conocer más sobre los procesos mentales y la conducta, los académicos han ido segmentando esta ciencia para poder abordar algunos temas muy diversos y aparentemente alejados entre sí. La psicología se ha dividido, por tanto, en varias «ramas» diferentes, cada una de las cuales se ocupa de áreas de estudio y aplicación ligeramente distintas entre sí. Hacer esta división no es sólo una forma de comprender los diferentes elementos teóricos y prácticos, sino que es también una categorización que ayuda a los investigadores de cada rama a establecer sus propias metodologías de trabajo. Sin embargo, estas pequeñas divisiones no tienen nada que ver con la variedad de enfoques que podemos encontrar dentro de la psicología. Son, simplemente, las partes de una clasificación por temas y ámbitos de estudio e intervención, y no están ligadas a ninguna teoría en concreto.

Dentro de las principales ramas de la psicología podemos destacar las siguientes:

* **Psicología clínica**

Probablemente la rama más conocida, la psicología clínica es la que se encarga de la investigación y la intervención en la salud mental. Mucha gente cree, de hecho, que la única función de la psicología es trabajar con métodos para ayudar a determinadas personas a combatir problemas relacionados con su manera de experimentar la realidad o de comportarse (pensemos, por ejemplo, en una mujer que tiene problemas para dejar de pensar en el trabajo o en un hombre con fobia social). Si bien éste es uno de los principales campos de investigación e intervención de esta disciplina, no deja de ser solamente una de las distintas ramas que engloba.

La psicología clínica investiga las funciones mentales de las personas que sufren algún tipo de afectación cognitiva, conductual o emocional, sea leve o más o menos grave. También se encarga de establecer los distintos procedimientos prácticos para abordar el tratamiento de las personas que padecen un trastorno mental.

• **Neuropsicología**

La neuropsicología sirve de enlace entre la neurología y la psicología, y estudia las bases biológicas y genéticas de la conducta y la percepción, especialmente en el ámbito clínico. Esta rama de la psicología tiene que ver con la detección de problemas relacionados con un funcionamiento anómalo del sistema nervioso y ayuda a ejecutar planes para mejorar la calidad de vida de las personas que presentan esos síntomas. Muchas veces, los neuropsicólogos trabajan en equipo con otros profesionales del mundo de las neurociencias y de la psiquiatría.

• **Psicología básica**

Ésta es una de las ramas más importantes de la psicología, ya que investiga sobre procesos psicológicos básicos, como la percepción, la memoria, el lenguaje, el pensamiento o el aprendizaje, sin tener en cuenta la aplicación inmediata de este conocimiento a contextos determinados. Su objeto de estudio, por tanto, son las funciones psicológicas elementales y las estructuras de la mente que existen, independientemente de cuál sea la situación.

• **Psicología de las diferencias individuales y la personalidad**

Como su nombre indica es la que investiga sobre las diferencias que se dan entre unas personas y otras. Esta rama intenta explicar por qué somos como somos, y lo hace estudiando las causas —biológicas y sociales— de la personalidad y el nivel de inteligencia, entre otros muchos otros aspectos.

• **Psicología social**

La psicología social, por su parte, estudia la influencia del contexto social en la conducta. Tal y como veremos, tanto las acciones como los procesos mentales de los individuos cambian sustancialmente cuando se encuentran en grupos y se generan ciertas dinámicas sociales.

• **Psicología del trabajo y de las organizaciones**

Es la rama que estudia las relaciones y los procesos en el seno de las organizaciones humanas, tales como empresas u ONG, aunque también se aplica en muchos otros contextos en los que se establece trabajo en equipo para producir algo. Las tareas de selección de personal, la evaluación de resultados y el análisis del clima laboral tienen que ver con esta rama.

• **Psicología educativa y psicología del desarrollo**

Éstas son dos vertientes muy relacionadas entre sí. La primera estudia los fenómenos del aprendizaje y la enseñanza desde el punto de vista de la psicología, y en ella se establecen distintas técnicas para mejorar el aprendizaje y desarrollar el potencial de los estudiantes o aprendices. La segunda aborda el desarrollo psicobiológico y social de las personas desde que nacen hasta que mueren, pasando por las distintas etapas vitales: niñez, adolescencia, madurez y vejez. Esta última está muy relacionada también con la psicología educativa, ya que muchos de los factores que estudia varían en función del desarrollo de la persona: el estilo de aprendizaje de un niño no se parece demasiado al de un adulto.

Y éstos son sólo algunos de los campos de aplicación e investigación de la psicología. Sin embargo, hay que tener en cuenta que hablar sobre las ramas de esta disciplina suele ser muy confuso porque no hay un único criterio para establecer esta clasificación y en ocasiones algunas de ellas pueden solaparse hasta el punto de que en la práctica resulta difícil distinguir una de otra. Sin embargo, tener una cierta idea esquemática sobre cada una de ellas resulta muy útil para evitar caer en una concepción muy limitada sobre lo que es la psicología.

ALGUNAS PUNTUALIZACIONES

Aunque la palabra *individuo* no tenga por qué hacer referencia únicamente a los seres humanos, los psicólogos se han volcado mucho más en la investigación e intervención sobre miembros de nuestra especie que sobre el resto de los animales, y, cuando trabajan con éstos, suele ser para extraer conclusiones que puedan luego ser aplicadas al estudio de las conductas y procesos mentales en las personas y los grupos de personas.

Por ello se puede afirmar que la psicología trata de explicar básicamente aspectos de la mente y del comportamiento de los seres humanos.

También cabe señalar que, aun centrándose en el estudio de los seres humanos, los psicólogos han prestado más atención a ciertos temas que a otros. Por ejemplo, se le ha dado mucha importancia a la evaluación de las capacidades cognitivas involucradas en la resolución de problemas, los aspectos de la personalidad y los trastornos mentales, pero sólo recientemente se ha dedicado a estudiar la toma de decisiones de compra, los factores que intervienen en la sensación de bienestar o el modo en el que las diferencias culturales afectan en la interpretación de la realidad.

Además, la psicología ha sido, hasta hace poco, un mundo dominado por los hombres. Esto se debe, entre otras cosas, a las dificultades que han tenido históricamente las mujeres para acceder a estudios superiores, y, en el caso de la psicología, también a las dificultades que ciertas organizaciones les han puesto a la hora de publicar sus artículos en revistas científicas o de incorporarse a las tareas docentes relacionadas con este ámbito.

A partir de toda esta información puede extraerse la conclusión de que lo que hoy entendemos por psicología está íntimamente ligado a la trayectoria histórica de esta disciplina; es decir, el modo en el que ha ido cambiando, los contextos en los que se ha ido forjando y, muy especialmente, las preguntas a las que ha querido dar respuesta.

LA HISTORIA DE LA PSICOLOGÍA

LAS GRANDES PREGUNTAS COMO PUNTO DE PARTIDA

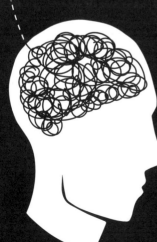

Resulta bastante común pensar que la psicología y la filosofía son prácticamente lo mismo, ya que se puede intuir una cierta relación entre ambas disciplinas y el mundo de las ideas y los pensamientos. A fin de cuentas, la tarea de la filosofía es la revisión y el análisis de ideas y conceptos y el estudio de cómo las conclusiones de dicho análisis nos afectan en nuestro día a día, lo cual la acerca mucho al mundo de «la mente», algo que históricamente ha sido estudiado por la psicología. Sin embargo, si bien la filosofía estudia las ideas y sus relaciones entre ellas en un plano más bien teórico, la psicología se encarga de estudiar principalmente cómo se ponen en práctica estas ideas. Investiga, entre otras cosas, cómo se generan las categorías y esquemas de pensamiento y cómo éstos interaccionan en situaciones reales, complementándose o entrando en conflicto. De manera que, por ejemplo, los estudios sobre lógica que forman parte del campo de la filosofía no nos dicen nada sobre cómo tienden a pensar las personas en su vida diaria, algo que sí es investigado por la psicología.

Por supuesto, no todo el mundo es consciente de esta diferencia. De hecho, no es raro encontrarse con personas que piensan en la psicología como un compendio de máximas y leyes para vivir la vida de manera feliz, guiándose por unos valores positivos y hallando una cierta armonía en algunos hábitos saludables. Pero el moderno estudio de la mente es más amplio, como demuestra el hecho de que en la universidad se incluyan asignaturas como Estadística, Neuropsicología o Diseños de Investigación.

Pero entonces, ¿de dónde viene toda esta confusión? ¿Este error se debe solamente a que ambas disciplinas tienen una definición muy abierta y están relacionadas con los pensamientos y las ideas? ¿Debemos atribuirlo simplemente a la ignorancia? Bueno, en realidad es posible encontrar muchas razones por las que para algunas personas la psicología y la filosofía son casi indistinguibles, pero una de las más destacables es que ambas forman parte de los intentos de un sistema mental por entenderse a sí mismo. Lo que distingue a los psicólogos y los filósofos de otros investigadores como pueden ser los astrónomos, los zoólogos o los químicos, por ejemplo, es que lo que estudian los primeros no es algo independiente de ellos mismos, sino, justamente, aquello que les permite estudiar e investigar, en general.

Por esta razón, aunque la filosofía empapa y envuelve todas las ciencias (porque a fin de cuentas los datos que se obtienen a través del método científico no se interpretan de manera aislada), su relación con la psicología es especial. Ambas han tenido que enfrentarse a un largo proceso en el que deben definirse unos conceptos básicos para saber en cada momento de qué aspectos de la vida mental se está hablando. Así, algunas preguntas —¿qué es la consciencia?, ¿qué es lo que nos define como individuos?, ¿en qué consiste aprender?, etc.— han tenido que ser abordadas por ambas disciplinas, mientras que otros tipos de investigaciones han podido obviarlas. Una buena manera de aproximarnos a la psicología y lo que sabemos gracias a ella, por tanto, es abordarla desde el momento en que empezó a gestarse como una disciplina, mezclada con la filosofía, siglos atrás. Las preguntas que se hicieron los primeros filósofos durante los siglos en los que el progreso científico no permitía la existencia de la psicología tal y como la conocemos ahora se parecen mucho a las preguntas sobre la mente y la conducta que se haría una persona sin formación en el tema que se propusiera indagar acerca de los aspectos de los que trata la psicología.

Sin duda, las cuestiones filosóficas han preparado el terreno para el desarrollo de la psicología y, a partir del momento en el que ésta hizo su aparición, han ido dando forma a sus planteamientos.

¿CUÁL ES EL OBJETO DE ESTUDIO?

La psicología y la filosofía no sólo se asemejan por los temas que tratan; también comparten una semilla común. Puede que éste no sea un dato muy revelador, teniendo en cuenta que, como ya hemos dicho, todas las ciencias formaron parte de la filosofía en sus inicios, pero en el caso de la psicología esto es especialmente cierto porque permanecieron unidas hasta bien entrado el siglo XIX. Esto se explica en parte porque hasta entonces no se disponía de un desarrollo tecnológico suficiente como para analizar datos objetivos sobre los procesos mentales y la conducta, pero también, fundamentalmente, porque la psicología no tenía nada claro cuál era la naturaleza de aquello que quería estudiar.

Si tenemos en cuenta que la ciencia sirve para distinguir entre las especulaciones sin fundamento y las explicaciones válidas que realmente pueden definir lo real y lo que es demostrable, el método científico debe basarse en la comprobación de hipótesis, lo cual significa que, hasta cierto punto, se distancia de aquello que estudia y lo trata del modo más objetivo posible. Esto significa que ni las opiniones personales ni las creencias validan las explicaciones sobre la realidad, porque forman parte de la subjetividad de cada uno. Sin embargo, cuando pensamos en la mente humana, lo primero con lo que nos topamos es justamente eso: subjetividad, experiencias únicas y privadas, pertenecientes a cada persona. Y en psicología, el primer paso que hay que dar es decidir qué hacer con esa subjetividad. A fin de cuentas, la evidencia más clara que tenemos acerca de la existencia de procesos mentales es la experiencia propia, algo que en sí mismo no puede ser medido ni manipulado para realizar experimentos y que, además, es difícilmente traducible a un lenguaje que todos interpreten de la misma forma (que se lo pregunten, por ejemplo, a los poetas). Puede que los temas estudiados por la psicología sean muy interesantes por lo que nos dicen acerca de nosotros mismos y sobre algunas facetas nuestras que consideramos muy íntimas y personales, pero es justamente esto lo que hizo que, al menos siglos atrás, los conceptos con los que se trabajaba en este ámbito fuesen tan difusos y esotéricos que eran indistinguibles de la filosofía antigua o el misticismo.

Así que hace miles de años, cuando el germen de lo que llegaría a ser la astronomía moderna se dedicaba a encontrar reglas en el movimiento de los astros y los fisiólogos primitivos procuraban encontrar principios que explicasen las funciones de los cuerpos pluricelulares, los filósofos-psicólogos tenían que centrar sus estudios en algo que no pertenece al mundo de lo material, algo que no es tangible. Mientras que otros investigadores podían empezar a acumular conocimiento a partir de la observación de elementos objetivos y fácilmente reconocibles, aquellas personas interesadas en el estudio de la mente y el comportamiento tenían que lidiar, desde el primer momento, con la tarea de identificar los conceptos y los principios metodológicos adecuados y válidos para estudiar algo totalmente intangible, difuso y privado. En la antigua Grecia, de hecho, la palabra *psykhé* servía para referirse a algo absolutamente abstracto que unas veces se definía como un soplo o aliento de vida que animaba los cuerpos y les daba el poder de la consciencia, otras se relacionaba con la mente capaz de pensar y otras con la idea del «yo» y la esencia de la propia identi-

DATO CURIOSO

El concepto de «alma» es algo que muchas personas relacionamos con la idea de la vida más allá de la muerte, aquello que trasciende el cuerpo cuando éste deja de existir. Sin embargo, históricamente hay muchos ejemplos de culturas con creencias animistas que definen el alma como algo que se encuentra no sólo en los seres vivos, como pueden ser lógicamente las personas o los animales, sino también en todo aquello que se mueve por sí mismo, como por ejemplo las nubes, los ríos, etc. Esta idea también influyó en las creencias homéricas de la Grecia antigua, que defendían que las personas «viven» gracias a un soplo de aire que les otorga capacidad para moverse hasta el día en que mueren, momento en que una parte de su alma desciende al Hades, donde pasará a ser sólo una sombra de lo que era.

dad. La traducción de *psique* también puede ser «alma», pero este concepto era algo que para los griegos tenía sus matices y podía llamarse de otras formas dependiendo del significado que se le quisiera dar.

En este contexto, nos podemos imaginar la situación en la que se hallaban las primeras personas que empezaron a plantearse preguntas relacionadas, aunque fuera vagamente, con lo que hoy entendemos por «psicología». Estos estudiosos no intentaban responder a incógnitas sobre aspectos objetivos tales como la existencia de tendencias en el comportamiento y los procesos mentales, porque no tenían manera de medir y recopilar datos sobre la mente y la conducta, y no podían comparar casos mediante el uso de pruebas estadísticas. Se limitaban a formular explicaciones altamente especulativas para intentar arrojar algo de luz sobre elementos que entendían que estaban vagamente relacionados con la idea de *psique*, que a su vez era algo tremendamente impreciso. Los procesos que guían el comportamiento de las personas y su manera de experimentar las cosas eran, para los filósofos, algo que reposaba sobre una serie de ideas basadas en una metafísica que difícilmente podía ser contrastada con la realidad a partir de experimentos, la comprobación y la refutación de hipótesis, así que sus explicaciones tenían que estar construidas a partir de conceptos tan poco acotados como los estados mentales que intentaban estudiar. La disciplina que estas personas practicaban era, en definitiva, una protopsicología basada en las experiencias subjetivas y las creencias y que, para intentar romper el muro que mantiene separadas las experiencias propias y las reglas generales sobre la psique humana aplicables a las otras personas, acostumbraba a fundamentarse en teorías puramente especulativas que hablaban sobre fuerzas invisibles que ordenan la realidad y que dirigen el funcionamiento del cosmos.

Un buen representante de los psicólogos-filósofos de la época es Galeno de Pérgamo. Este médico y filósofo propuso, en el siglo II d.C., una teoría según la cual en los seres humanos fluían cuatro tipos de humores cuya cantidad determinaba el tipo de temperamento que se tenía y la propensión a sufrir unas enfermedades u otras. Estos humores o fluidos corporales se corresponderían, a la vez, con los cuatro elementos básicos que según Galeno se combinaban para formar todas las cosas que existen: el fuego, el aire, la tierra y el agua.

La teoría de los humores de Galeno, al igual que las aproximaciones a los temas tratados por la psicología moderna que emprendieron el resto de los protopsicólogos, nos habla de un sistema de ideas acerca de cómo está organizada y estructurada la realidad. Sus ideas acerca del funcionamiento de la mente estaban incorporadas en un sistema filosófico que abarcaba muchas más cosas además del pensamiento humano.

Además, desde la Antigüedad hasta el fin de la Edad Media, las ideas acerca de cómo funciona la mente humana y cómo nos comportamos estuvieron ligadas a la religión, es decir, a ideas plasmadas en la Biblia, los textos traducidos de Aristóteles y, en definitiva, se basaban en su adecuación a ciertas reglas morales sobre cómo actuar, pensar y sentir. Sólo a partir de la revolución científica la filosofía progresó lo suficiente para llegar a nuevos paradigmas que más tarde serían aplicados a la psicología, y cuando finalmente nació esta ciencia, ya estaba lo suficientemente madura como para definir, con mayor o menor acierto, aquello que quería estudiar y la metodología que podía utilizar para ello.

Como veremos, distintos enfoques de la psicología han definido de manera diferente aquello que quiere estudiar y sobre lo que quiere intervenir, pero casi todos ellos ponen el énfasis en la necesidad de basarse en hechos comprobables y objetivos. La psicología actual aspira a ir más allá de lo subjetivo, asume que más allá de nuestras consciencias hay una realidad objetiva a la que podemos aproximarnos para extraer conclusiones sobre nuestra mente y nuestra manera de comportarnos que, si bien no tienen por qué ser totalmente verdaderas, tienen una probabilidad relativamente alta de serlo. Dicho de otro modo, intenta evitar que sus teorías se basen en dogmas o creencias no comprobadas acerca de cómo es la realidad, lo cual significa que huye de conceptos que hagan referencia a elementos sobrenaturales y de ideas como que nuestra mente refleja el funcionamiento del cosmos (¡mala suerte, Galeno!).

Así pues, la psicología, o al menos la psicología que se guía por los principios de la ciencia, ya no pretende estudiar los aspectos plenamente subjetivos de la consciencia de las personas y contentarse con la interpretación de las explicaciones que alguien da sobre lo que le pasa por la cabeza. En vez de eso, se centra en predecir de manera aproximada aspectos sobre nuestros procesos mentales y nuestras acciones, y destaca la necesidad de recoger datos objetivos, tanto sobre su conducta como sobre algunos indicadores relacionados con los procesos mentales para, a partir de ahí, estimar las probabilidades de lo que puede estar sucediendo, ya sea en el ámbito de la consciencia privada de la persona, ya sea incluso en el reino de lo inconsciente, tal y como veremos.

DUALISMO Y MATERIALISMO: ¿SÓLO IMPORTA LO FÍSICO?

Otra cuestión filosófica que se plantea es si los seres humanos somos únicamente materia o si, al estar dotados de una mente, hay algo más en nosotros, una sustancia distinta de la cual estarían hechas las ideas y los pensamientos. Una de las primeras cosas en las que se fijaron los filósofos de la Antigüedad es que, cuando intentamos clasificar en categorías lo que experimentamos, nos encontramos con dos tipos de elementos. Por un lado, hay cosas que podemos ver y tocar, que existen del mismo modo en el que lo hacen las partes del cuerpo con las que percibimos su presencia y que pueden ser identificadas en un espacio concreto y en un momento determinado; en definitiva, son cosas materiales, como por ejemplo un cerebro. Por otro lado, hay otras cosas que no podemos percibir a través de los sentidos, que no pueden ser medidos ni están en un lugar o un sitio concretos; por ejemplo, la idea de lo que es un cerebro.

A partir de aquí, algunos filósofos sentaron las bases para crear una distinción entre el cuerpo y el alma, lo material y lo que pertenece al mundo de las ideas. Y esta categorización no sólo se ha aplicado a lo que nos rodea, sino también a nosotros mismos. Para algunos pensadores, los llamados filósofos dualistas, la realidad está compuesta por dos tipos de sustancias fundamentales que se rigen por normas distintas: la materia y el espíritu (si bien a esta última se la puede llamar de otras formas, como por ejemplo simplemente «ideas»). Platón, por ejemplo, creía que el cuerpo de los seres humanos estaba gobernado por un alma inmortal que intentaba acceder a la verdad recordando elementos del lugar del que provenía, el mundo de las ideas.

En cambio, otros filósofos como por ejemplo Aristóteles criticaban esta diferenciación entre sustancias y afirmaban que la distinción entre cuerpo y alma era ilusoria. En concreto, los llamados filósofos materialistas sostenían que, a diferencia de la materia, las ideas no existían por sí solas, ya que éstas sólo podían ser consecuencia de cierta organización de lo material. Las ideas dependían, por tanto, de la materia, pero no así al revés. Es decir; existe la materia sin mente, pero no existe la mente sin materia.

Demócrito y el resto de los filósofos atomistas son unos buenos representantes de este segundo grupo de pensadores, ya que creían que todo lo existente estaba formado por átomos, incluido el propio ser humano (con todas las dimensiones de su vida mental incluidas), que no era algo significativamente distinto de cualquier otro elemento material.

Así pues, la distinción básica entre dualistas y materialistas se puede suponer a partir de una pregunta muy concreta: ¿los seres humanos estamos formados sólo por materia? Las personas que se decanten por el materialismo responderán que sí, mientras que las dualistas tomarán la existencia de la capacidad para pensar y sentir como un signo de que en nosotros hay algo más que átomos interactuando. Y es que, a diferencia de los primeros, los dualistas creen que detrás de cada ser humano hay una mente que actúa de modo relativamente independiente del cuerpo y funciona a partir de otros mecanismos. Unos mecanismos misteriosos que pertenecen al mundo de las ideas y que, por lo tanto, difícilmente pueden ser estudiados directamente porque están por encima de lo material.

De este modo, para los dualistas los cuerpos de las personas están habitados por un espíritu que, interactuando de algún modo con el cuerpo, consigue que éste funcione respondiendo a sus propósitos; el cuerpo es el medio material a través del cual este espíritu se relaciona con el resto de los elementos materiales, ya sea obteniendo cierta información sobre ellos, ya sea modificándolo a partir de las acciones que le dicta al cuerpo.

Un ejemplo de esta manera de entender el ser humano lo encontramos en el pensador Avicena, que para reforzar la idea de que el alma existe con independencia del cuerpo propuso un experimento teórico según el cual, si una persona quedase suspendida en el aire y no pudiera ver, oír ni tocar nada, seguiría sabiendo que existe a pesar de que no notaría que tiene cuerpo, lo cual demuestra que aun anulando el propio cuerpo las ideas permanecen.

Las consecuencias de defender el dualismo o el monismo filosóficos son muy importantes para la ciencia moderna si tenemos en cuenta que ésta entiende la realidad como algo que existe de manera independiente a lo que nosotros creamos u opinemos de ella. El materialismo se basa en la asunción de que todo lo que existe es algo objetivo, mientras que el dualismo, en la práctica, asume que una parte de la realidad no es ni objetiva ni compartida por todos, ya que las ideas brotan de puntos de vista propios y, en ocasiones, enfrentados.

Así pues, pensar en la materia y el espíritu es pensar en cómo algo que en principio es objetivo (lo material) interactúa con la fuente de la subjetividad (el alma). Ésta es una incógnita que quiso despejar otro de los dualistas más notables que fue, a la vez, uno de los filósofos más influyentes en la historia de la psicología: René Descartes.

Descartes se propuso demostrar que a través del pensamiento era posible acceder a un conocimiento que no dependiera de ninguna creencia o presuposición, es decir, que partiera de ideas evidentes y válidas por sí mismas. Con este objetivo en mente, realizó un ejercicio. Empezó a poner en duda todos sus conocimientos a través de la duda metódica, que consistía en descartar cualquier pieza de conocimiento que no fuese evidente por sí misma. De este modo fue desmantelando todo lo que creía que sabía hasta quedarse con una única certeza: que él existía. De un modo parecido a lo que hizo Avicena, Descartes sostuvo que la propia consciencia de uno mismo permite acceder a una prueba suficiente de que se existe como sujeto que piensa. A fin de cuentas, ni siquiera un demonio sería capaz de engañar a alguien haciéndole creer que existe siendo esto falso, ya que el hecho de ser engañado ya indica que «se es» de una u otra forma. Sin embargo, este recorrido a través de la aplicación de la duda metódica sólo sirvió para garantizar que él existe como sujeto intelectual, con pensamientos propios, pero no aporta información sobre si tiene o no un cuerpo material. Este hecho conduce a Descartes hacia el dualismo, al llevarlo a pensar que su naturaleza como ente intelectual está fundamentalmente desconectada del mundo material, que sólo existe porque Dios (otro sujeto de tipo más bien espiritual) así nos lo garantiza, aunque no seamos capaces de percibir este entorno físico con una fiabilidad absoluta. Este filósofo hipotetizó, a partir de esta distinción básica entre cuerpo y espíritu, que el alma humana es una sustancia esencialmente

DATO CURIOSO

No todos los monistas son materialistas. De hecho, algunos han sostenido que la materia no existe y que toda la realidad está compuesta por espíritu. Es el caso, por ejemplo, de George Berkeley, un monista idealista que creía que lo real es aquello que somos capaces de percibir. Según él, por ejemplo, si colocamos la lente de una lupa sobre un texto, el tamaño de las letras aumenta de verdad, y lo que deja de ser percibido deja de existir como tal. Lo que él describe es, más o menos, lo que ocurriría si viviésemos en una simulación o en un videojuego en el que los escenarios y los elementos que lo pueblan fuesen apareciendo a medida que vamos avanzando por zonas.

A pesar de que han existido monistas idealistas, éstos apenas han tenido voz en la psicología y la ciencia moderna en general, y el verdadero choque de visiones lo encontramos entre los monistas materialistas y los dualistas.

Los dualistas, junto a los monistas idealistas, suelen ser considerados, simplemente, «idealistas».

distinta a lo observable, y que entra en contacto con el plano de lo físico a través de la glándula pineal, situada en el centro del cerebro humano. La función del espíritu, para Descartes, es pensar y sentir, y para esto último se ayuda de los «espíritus animales» que fluyen a través del cuerpo trayendo información desde los sentidos. Sin embargo, Descartes dejó claro que la información proveniente de lo físico es poco fiable, porque resulta relativa y no hay nada en ella que sea evidente, y que el espíritu en sí mismo puede acceder a verdades objetivas que no se encuentran en lo material.

Como hemos visto, el dualismo nos habla de una sustancia formada por ideas que existe independientemente del mundo material, lo cual, traducido al ámbito de la psicología y las neurociencias, implica que nuestros pensamientos y las ideas que aparecen y desaparecen en ellos son de una naturaleza distinta a todo aquello que es físico. Por esta razón, para los dualistas, la mente de los organismos que disponen de ella no puede ser explicada por procesos de naturaleza física y material, como por ejemplo la interacción entre neuronas, sino que se trata de una sustancia en sí misma, algo distinto al cerebro, el sistema nervioso o el cuerpo en general. La mente de los organismos con alma es, según esta manera de pensar, no accesible a través de las investigaciones científicas que se encargan de estudiar la materia y las leyes por las que ésta se rige. Sin embargo, puede llegar a intuirse la realidad mental de los demás a partir de la interpretación de sus formas de expresar sus experiencias, que siempre son únicas y pertenecen al individuo que las emite y, por lo tanto, no pueden ser estudiadas a partir de instrumentos muy estandarizados y que puedan utilizarse siempre de igual manera en todas las personas. Así pues, para acercarnos a esta vertiente espiritual de la mente de alguien, deberíamos interpretar su manera de hablar, de escribir, de moverse o, incluso, las obras de arte guiándonos, básicamente, por nuestra intuición y nuestras experiencias previas.

Según los materialistas, en cambio, si queremos analizar el funcionamiento del ser humano tendremos que estudiar cómo funciona su cuerpo y de qué modo interactúa con el resto de los elementos físicos, ya que la mente no existe como algo diferenciado de lo material y, de hecho, es producto de éste. Esta filosofía es la que entronca mejor con la manera de proceder de la ciencia tal y como la entendemos hoy, porque descarta las explicaciones sobrenaturales acerca de fenómenos observables y predispone a buscar las causas de lo que existe en elementos que pueden ser medidos de manera objetiva.

DATO CURIOSO

Como los dualistas le dan mucha importancia a lo que no es de naturaleza material, creen que intervenir sobre las ideas en sí es una manera de extraer conocimiento sobre la realidad. Un ejemplo de esto lo encontramos en el argumento ontológico de san Anselmo de Canterbury, que pretende probar la existencia de Dios utilizando únicamente la razón. Desde su obra *Proslogion* (del 1078) dice san Anselmo que no es posible tener la idea de lo que es Dios sin admitir su existencia porque éste, al ser infinitamente grande y perfecto, no puede ser tan imperfecto como para no existir. Pero ¿tiene sentido esta afirmación? La principal crítica a este razonamiento suele ser que no ofrece premisa alguna a la demostración más allá de cualidades inherentes a la proposición no demostrada, conduciendo a un argumento circular en el que las premisas se basan en las conclusiones, las cuales a su vez se basan en las premisas.

Sin embargo, hasta el mismísimo Descartes estaba de acuerdo con este argumento.

En definitiva, el materialismo apela al estudio de aspectos objetivos y que pueden ser contrastables con la experiencia de manera muy escrupulosa para obtener cualquier forma de conocimiento sobre lo que existe. En comparación, la filosofía dualista otorga una importancia mayor a las ideas y por lo tanto es más autorreferencial, en el sentido de que ciertas líneas de razonamiento que se dan en ésta reposan simplemente en la constatación de que ciertas ideas encajan tan bien entre ellas que forman una parte de la realidad.

Hoy en día, la filosofía materialista le da una importancia primordial no sólo a la materia tal y como se entendía ésta siglos atrás, sino también a la energía, ya que ambas forman parte de la realidad física. Además, está muy arraigada en los círculos científicos en los que, tal y como veremos, se suele entender el trabajo

de la ciencia como unos esfuerzos coordinados por descubrir cosas acerca de una realidad objetiva. Sin embargo, en lo relativo al estudio de los procesos mentales el materialismo filosófico sólo ha podido ir ganando fuerza en las últimas décadas a partir de la consolidación de la psicología como disciplina en el siglo XIX. Esto es debido, básicamente, a dos motivos. El primero es que la corriente antagónica, la filosofía dualista, ha podido explicar muchos aspectos de nuestros comportamientos y nuestra manera de pensar desde su aparición, y sin la necesidad de disponer de avances tecnológicos que ayuden a estudiar mejor el funcionamiento del cuerpo humano, ya que deja mucho margen para la especulación, mientras que el materialismo ha tenido que esperar a la aparición de ciertos descubrimientos científicos y la invención de nuevos métodos de medición y estudio para hacerse valer. El segundo motivo es que el materialismo tiene problemas para plasmar teóricamente nuestra intuición de que la propia consciencia es algo muy diferente a lo que es físico, mientras que el dualismo asume esta distinción a cambio de utilizar el concepto del alma, la mente o las ideas para justificar el origen desconocido de muchos fenómenos (de hecho, una de las críticas más recurrentes hacia el dualismo es que explicar de qué manera se relacionan el cuerpo y el alma genera más preguntas de las que intenta responder este tipo de filosofía).

¿SOMOS LIBRES?

La existencia o no de una mente como algo separado del cuerpo es uno de los temas de discusión que ha vertebrado el desarrollo de la historia de la psicología, pero no es el único. También ha sido muy importante, por ejemplo, el debate acerca de si existe o no libertad en nuestros actos y decisiones, o si por el contrario todo lo que hacemos es fruto de una cadena de causas y efectos que no depende de nuestra voluntad. Por ejemplo, podemos preguntarnos: ¿hasta qué punto somos libres si todos nos comportamos de manera tan semejante?, ¿dónde queda nuestra libertad de elección si nosotros mismos formamos parte de un mundo en el que todo lo que pasa tiene unas causas objetivas? Parece evidente que como seres humanos somos capaces de tomar decisiones muy complejas, pero en la práctica nuestra capacidad de elección depende de una cadena de circunstancias que resulta infinita: el lugar en el que nos encontramos, el tiempo que hace, las habilidades que tenemos y aquellas de las que carecemos, el modo en el que otros se relacionan con nosotros, lo que hemos comido unas horas antes... La idea de que como seres humanos podemos tomar decisiones por nosotros mismos parece evidente, pero en realidad no lo es en absoluto.

DATO CURIOSO

El propio significado de la palabra *libertad* es muy discutible, lo cual hace que el debate sobre si somos libres o no (y qué contextos nos permiten o nos impiden serlo) sea muy complicado. Para las personas que parten de la tradición de pensamiento liberal, influida por la filosofía de John Stuart Mill, por ejemplo, la libertad tiende a ser entendida como la ausencia de restricciones externas y forma parte de una capacidad que se presupone que todos tenemos como seres con intereses propios y capaces de decidir por nosotros mismos. En cambio, para la corriente de pensamiento marxista y republicana, que parte de una filosofía materialista, la libertad se expresa únicamente en aquellos casos en los que las personas tienen verdaderas opciones entre las que elegir (un individuo que sólo pueda optar a puestos de trabajo mal pagados es menos libre que otro con mejores posibilidades de empleabilidad).

Ésta es la razón por la que nuestra capacidad de tomar decisiones es puesta en cuestión en numerosas ocasiones. Nuestro comportamiento es en gran medida predecible, la mayoría de las personas que pertenecen a una misma cultura presentan muchas similitudes tanto en los aspectos relativos a su personalidad como en lo que concierne a sus capacidades mentales, y gran parte de las decisiones que debemos tomar a lo largo de la vida son las mismas que están tomando o deben tomar los demás. Por si fuese poco, la filosofía materialista aplicada a la psicología y las neurociencias es determinista, en el sentido de que niega la existencia del libre albedrío (el poder para tomar decisiones por uno mismo), ya que se considera que todo lo que hacemos, sentimos o pensamos forma parte de una serie de causas y efectos que nos conectan físicamente a todo lo demás. La única manera de seguir creyendo en la existencia del libre albedrío es mantenerse dentro de los marcos de explicación de las filosofías que enfatizan el poder del espíritu o las ideas, que ofrecen la posibilidad de creer en un alma que tiene cierta autonomía y no está ligada a todo lo que sucede en el mundo material. Así pues, el debate entre el determinismo y el libre albedrío es, en parte, la discusión filosófica acerca de qué es lo material y qué son las ideas, y si parten de una esencia distinta o no.

¿CAMBIAMOS O PERMANECEMOS FIELES A NUESTRA ESENCIA?

Imaginémonos a una persona que cree que su timidez le genera muchos problemas. Siempre ha sentido inseguridad a la hora de relacionarse con gente que apenas conoce, pero ha llegado un punto en el que quiere invertir tiempo y esfuerzo en cambiar esta situación, así que decide asistir a terapia. Después de unas pocas semanas, esta persona nota cómo sus relaciones con los desconocidos se vuelven más fluidas, que ya no le cuesta mirar a la gente a los ojos, ni le tiembla la voz, y tampoco evita situaciones en las que tiene que conocer a gente nueva. En definitiva, su problema de timidez se ha solucionado.

Ante esta serie de hechos, podemos posicionarnos de muchas maneras. Una de ellas sería pensar que esta persona ha aprendido ciertas técnicas para vencer su timidez y a partir de ahora prácticamente no se distinguirá de una persona que nunca ha tenido un problema parecido, a no ser que en algún momento se encuentre en una situación fuera de lo común en la que sea difícil no sentir vergüenza o nervios. Otra muy distinta sería creer que esta persona sigue siendo tímida, pero logra enmascarar su condición mediante unos trucos que sólo modifican su manera de ser en lo más superficial, a pesar de que su timidez sigue expresándose de otras formas algo más sutiles. La primera es una postura que enfatiza el papel del contexto en el que se encuentra el individuo, mientras que la segunda parte de un modo esencialista de leer la realidad, según la cual la timidez es parte indesligable de la identidad y la manera de ser de esta persona. Estos dos posicionamientos tienen una manera diferente de narrar la vida del sujeto en cuestión a partir de su interpretación de un fenómeno mental y comportamental como es la timidez, y esta manera propia de narrar lo que le sucede a la persona se traduce en diferentes maneras de abordar el estudio de tipo psicológico sobre ella. En definitiva, lo que en principio parecía una descripción objetiva de unos hechos que nos hablan sobre la psicología de alguien ahora se ha transformado en dos relatos distintos sobre lo que ocurre.

Este pequeño ejercicio mental es una muestra de que otro tema de interés filosófico es si mantenemos unos mismos patrones psicológicos durante toda nuestra vida o si por el contrario hay cambios significativos en nuestra forma de percibir, pensar y actuar. ¿Conservamos características de nuestra niñez a medida que crecemos? Puede parecer un tema muy específico, pero en realidad hunde sus raíces en uno de los problemas fundamentales de la filosofía.

La contradicción entre el ser (o permanencia) y el cambio es algo que ya encontramos en el legado filosófico de Heráclito y Parménides, pero que también afecta en muchos aspectos a la psicología. De hecho, es una cuestión que tiene especial interés para los psicólogos del desarrollo y de las diferencias individuales, y que puede hacer variar el modo en el que entendemos los trastornos psicológicos. Por ejemplo, creer que un trastorno desaparece cuando dejan de observarse ciertos síntomas muy concretos no implica lo mismo que creer que un trastorno puede encontrar formas muy sutiles e inesperadas de expresarse, cosa que sostienen, entre otros, los seguidores del enfoque psicodinámico iniciado por Freud. La paradoja entre lo que permanece y lo que cambia no es algo fácil de resolver, desde luego, y es algo que aún se discute hoy en día, eso sí, siempre relacionándolo con aspectos concretos de nuestra manera de ser y actuar.

¿CONDUCTA INNATA O APRENDIDA?

Otro de los grandes temas filosóficos de interés para la psicología es, y ha sido, la relación entre los aspectos innatos de la conducta (es decir, aquellos con los que nacemos) y aquellos que pueden ser aprendidos o desaprendidos. Independientemente de que pensemos que las personas actúan y piensan igual durante toda su vida o creamos que están cambiando constantemente, podemos plantearnos si ello responde a características propias del individuo o si la explicación se halla en su manera de interactuar con el entorno. ¿Qué nos influye más, el ambiente o nuestras características personales innatas?

Se trata de un tema relevante porque los organismos siempre están influidos por el ambiente determinado en el que se encuentran, de modo que no podemos separar las dinámicas psicológicas del individuo sin tener en cuenta que éstas siempre se desarrollan en un entorno concreto. De hecho, gracias a las investigaciones de Darwin y a los estudios en genética que se iniciaron a partir de la obra de Gregor Mendel, sabemos que incluso nuestra manera de aprender y de adaptarnos a las circunstancias está determinada por una predisposición genética. Dicho de otra forma, hemos ido descubriendo que los propios organismos en sí ya traen de serie algunas limitaciones que no provienen del entorno inmediato. Trataremos estas cuestiones más adelante, al hablar sobre estilos de aprendizaje y genética conductual.

Ahora que ya hemos visto los principales puntos de unión que la psicología y la filosofía han tenido a lo largo de su historia, centrémonos en la más reciente consolidación de la psicología como disciplina distinguible de las demás.

EL NACIMIENTO DE UNA NUEVA CIENCIA

GALTON, WUNDT Y WILLIAM JAMES

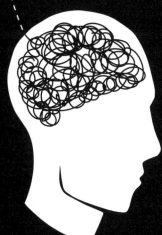

Tal y como hemos apuntado en páginas anteriores, a diferencia de las ciencias naturales, la psicología tiene una historia muy corta, puesto que su aparición se remonta a menos de doscientos años. Sin embargo, han sido unas décadas muy ajetreadas. Cualquier nacimiento supone un momento traumático, y el de la psicología lo ha sido; especialmente porque ha significado el paso de una parte de la filosofía a un reino en el que las ideas deben ser transformadas en hipótesis, deben relacionarse con hechos concretos y tienen que dar forma a teorías con base científica. Los primeros intentos de crear una manera sistemática de estudiar la mente y la conducta estuvieron aquejados de varios problemas, pero crearon una base desde la que fueron desarrollándose los diferentes enfoques o «escuelas» que hoy conforman la psicología. Así que, para no caer en la visión simplista que presenta a los psicólogos como individuos que tumban a sus pacientes en el diván y hacen experimentos con ellos, debemos echar la vista atrás y trasladarnos a la época victoriana.

LA OBSESIÓN POR MEDIR: FRANCIS GALTON

En los años posteriores a 1800, tras siglos de desarrollo filosófico y gracias a los avances técnicos y tecnológicos impulsados con la revolución científica de los siglos XVI y XVII, la maduración de las ideas de la psique humana ofreció una base sobre la que algunos investigadores pudieron empezar a construir la psicología tal y como la entendemos hoy en día. Esta disciplina, emancipada por primera vez de la filosofía, abordaba problemas que requerían estudiar la mente y el comportamiento de forma sistemática, y se hacía especial hincapié en la necesidad de que las ideas con las que se trabajaba estuvieran asociadas a hechos objetivos o elementos observables. Se procuró de esta forma que la psicología, como disciplina que hace uso de los métodos de los que nos provee la ciencia, rehuyera los planteamientos de carácter metafísico basados en la especulación que caracterizaban a buena parte de la filosofía. Así pues, la primera generación de psicólogos apareció en el siglo XIX para abordar ciertos temas monopolizados hasta entonces por los filósofos con la intención de concretarlos materialmente e intentar darles respuesta a través de una actividad que en aquella época estaba muy de moda: la medición.

La psicología entró en contacto con el mundo de la medición gracias al interés de Francis Galton por medirlo todo, incluso la inteligencia. Nacido en 1822, Galton fue un polímata inglés que sentía una gran atracción por los ámbitos de conocimiento más diversos, entre los que se encontraban la estadística, la geografía y la antropología. Esta vida intelectual tan agitada lo llevó a inventar numerosas técnicas de medición y estudio de la realidad y a ser pionero en varias ciencias, como por ejemplo la meteorología.

Desde luego, resultaría difícil negar el potencial de Galton como investigador, pero también es verdad que sus circunstancias personales permitieron una participación activa y destacada en los progresos científicos de su época. Había nacido en una familia próspera y, tras la muerte de su padre, heredó una fortuna que le permitió dedicar su tiempo a viajar y estudiar. A ello hay que añadir el hecho de que Galton era primo de Charles Darwin, el hombre de moda del momento cuyas teorías influyeron y definieron su carrera como investigador.

Al igual que Darwin, Galton creía que los rasgos de un individuo responden en mayor o menor grado a la necesidad de adaptarse de la mejor manera posible al entorno y que, al menos en parte, pueden ser heredados de los ancestros. Siendo un gran amante de la estadística, se propuso medir y analizar las características de las personas individuales para saber, de ese modo, cómo se distribuían entre la población y en qué grado estaban presentes en las personas concretas; esto le permitiría, entre otras cosas, detectar el modo en el que los rasgos de los padres pasan a sus hijos y de qué manera ciertas características se van difundiendo entre la población dependiendo de las ventajas y los costes a los que pueden ir asociados.

De este modo vio plasmados en los grupos de personas ciertos conceptos estadísticos que se ajustaban a lo que sabía sobre le evolución y la transmisión de características de una generación a su descendencia. Por ejemplo, en un estudio titulado «Regression Towards Mediocrity in Hereditary Stature» registró un fenómeno conocido como regresión a la media al aportar pruebas sobre cómo la descendencia de las personas que tienen un rasgo muy acentuado y extremo tiende a presentar ese rasgo en una versión más moderada y próxima a la media poblacional.

Pero Galton se propuso medir además los rasgos psicológicos, ya que creía que éstos también eran herramientas de adaptación al medio y formaban parte de una herencia transmitida a través de los lazos de sangre. Como consecuencia, participó activamente en el debate filosófico de «naturaleza o educación», es decir, en valorar si a la hora de definir las características psicológicas de los individuos es más determinante la herencia genética o el ambiente en el que tiene lugar el aprendizaje.

DATO CURIOSO

A partir de las ideas de Darwin sobre la selección natural, Galton concluyó que podía mejorarse la sociedad si se animaba a las parejas más competentes a tener más descendencia que el resto mediante algunos incentivos. A esta línea de posibles intervenciones la denominó *eugenesia*. Con el tiempo, este tipo de ideas pasaron a formar parte de discursos políticos que proponen explícitamente la exterminación de etnias y de individuos «impedidos» o enfermos. Pero a finales del siglo XIX y principios del XX la mentalidad de la gente era diferente y la eugenesia tuvo una buen acogida en algunos círculos políticos y económicos. De hecho, la idea de la competencia entre grupos e individuos que podía extraerse de los escritos de Darwin sobre la selección natural se ajustaba perfectamente a las ideas de libre competencia que en esa época defendían los liberales, así que no sorprende que en el Primer Congreso Internacional de Eugenesia celebrado en 1911 uno de los asistentes fuese Winston Churchill, quien llegaría a ser primer ministro del Reino Unido en dos ocasiones.

Para poder fundamentar su punto de vista al respecto utilizando datos empíricos, Galton propuso un método para medir la inteligencia y las capacidades mentales de los individuos; así podría trabajar estadísticamente con los datos obtenidos. Algunos de esos datos aportados por este investigador reforzaban la idea de que las personas eminentes tienen descendencia que también destaca intelectualmente, y que esta relación se debilita cuando, en vez de tomar como referencia a padres e hijos, se miden las capacidades de tíos y sobrinos.

Galton también abordó el debate sobre «naturaleza o educación» estudiando gemelos. Partió de la siguiente hipótesis: que en las parejas de gemelos en las que cada miembro era muy distinto física o psicológicamente desde una edad muy temprana, la tendencia a ir pareciéndose más con el paso del tiempo indicaría la preeminencia de la educación sobre su herencia biológica (por compartir un ambiente y el estilo educativo de sus padres), mientras que en los gemelos que se parecen mucho desde pequeños la superioridad de la educación sobre la biología se expresaría en una tendencia a ir pareciéndose menos entre ellos a medida que viven experiencias distintas por separado. Tras pasar una serie de cuestionarios a decenas de familias con gemelos, Galton llegó a la conclusión de que el grado de semejanza de los gemelos no variaba con el tiempo. Esto, según él, sería una prueba de que las características psicológicas pueden ser heredadas y que, cuando la biología y lo aprendido entran en conflicto, la primera tiene más posibilidades de imponerse y es la que marca los límites de lo que se puede aprender con el tiempo y lo que no.

EL NACIMIENTO DE LOS TEST DE INTELIGENCIA Y DE PERSONALIDAD

Galton descubrió que las características psicológicas pueden presentarse en la población formando una curva de distribución normal, o campana de Gauss. Es decir, que los valores extremos en, por ejemplo, una prueba de inteligencia corresponden a una parte de la población claramente minoritaria, mientras que la gran mayoría de las personas obtienen resultados cercanos a la media. Por el camino, además, fue el primero en intentar medir la inteligencia de manera sistemática utilizando para ello una serie de test de tiempo de reacción, y diseñó los primeros cuestionarios hechos para estudiar todo tipo de características psicológicas de los individuos. Es por eso por lo que Francis Galton se considera el padre de la psicología diferencial, es decir, la que estudia las diferencias que existen entre los individuos en lo relativo a sus características mentales.

Pero Galton no fue pionero en la psicología diferencial sólo por dar las primeras ideas sobre cómo diseñar herramientas de medición (test), sino también por introducir la estadística en el estudio de lo mental. Así, por ejemplo, la comprobación de que los valores obtenidos a partir de mediciones de características mentales forman una curva de distribución normal hizo que más adelante algunos psicólogos se decidieran a utilizar las nociones de «normalidad» y «anormalidad» estadística y aplicarlas en el estudio de la inteligencia y la personalidad.

Además, Galton había trabajado con un concepto llamado correlación que daba cuenta de la posibilidad de estudiar el modo en el que diferentes valores y características pueden generar relaciones estadísticas entre ellos. Por ejemplo, los resultados obtenidos en una prueba de inteligencia podrían correlacionarse positivamente con las probabilidades de que su descendencia obtenga puntuaciones parecidas: si la madre es muy inteligente, hay mayores posibilidades de que sus hijos sean también inteligentes. Esta idea, aprovechada por un alumno de Galton llamado Karl Pearson, tuvo como fruto el coeficiente de correlación de Pearson, un recurso estadístico que hoy en día aún se utiliza mucho para ver cómo se relacionan entre ellas las variables con las que trabajan los psicólogos en sus investigaciones.

Así pues, el uso de la estadística hizo que el mundo de la psicología pronto estuviera cargada de motivos tanto para estudiar las tendencias generales como para ver las diferencias individuales que nos distinguen a los unos de los otros y el modo en el que estas características que nos hacen únicos se relacionan en-

DATO CURIOSO

Aunque la inteligencia es un concepto que genera mucho interés y en cuyo estudio se han invertido muchos esfuerzos, a día de hoy no existe una definición totalmente consensuada y libre de ambigüedades sobre lo que es realmente. Por ejemplo, mientras que para el psicólogo Charles Spearman es posible cuantificar un elemento subyacente a todas las capacidades que componen la inteligencia (el llamado factor G), Alfred Binet mostró mayor escepticismo ante la idea de que las puntuaciones obtenidas en los test de inteligencian fuesen más que una medida de referencia para comparar entre sí el rendimiento de las personas a la hora de realizar ciertos ejercicios mentales en un momento determinado.

Hoy en día se sigue discutiendo si la inteligencia existe más allá de la existencia de los test que pretenden medirla o si es ni más ni menos que una puntuación obtenida después de pasar un rato resolviendo pruebas. Además, algunos investigadores han señalado que la población blanca de los países occidentales tiende a obtener mayores puntuaciones en los test de inteligencia, lo cual ha llevado a revisar estas herramientas para tratar de librarlas de sesgos culturales. Uno de los intentos más famosos fue el de Raymond Cattell, que a mediados del siglo xx desarrolló el Culture Fair Intelligence Test. Por otro lado, libros como *The Bell Curve* de Richard J. Herrnstein y Charles Murray en los que se habla sobre la diferencia en las puntuaciones obtenidas según la ascendencia de cada individuo, han sido utilizados para sostener todo tipo de tesis racistas. Actualmente el debate de si la genética juega un papel más o menos importante en la obtención de puntuaciones en estas escalas sigue muy vivo, si bien existe un cierto consenso en que la herencia genética explica una parte importante de los resultados obtenidos en test de inteligencia.

tre ellas. Esto ha dado pie a diferentes modelos de inteligencia y personalidad y sus correspondientes test y cuestionarios.

De este modo, ya en 1905 apareció el primer test de inteligencia, conocido como escala Binet-Simon y creado por Alfred Binet y Théodore Simon. Este test se aplicó en las escuelas para saber qué alumnos eran más propensos a tener dificultades en ciertas tareas, y más tarde fue adaptado para aplicarse en el reclutamiento de personal militar. Con el paso del tiempo han surgido muchas otras escalas para medir el cociente intelectual, siendo una de las más utilizadas la de David Wechsler, abreviada como WAIS.

En cuanto al estudio de los rasgos de personalidad, también empezaron a desarrollarse cuestionarios, basados en diferentes modelos teóricos de lo que es la personalidad, que son muy utilizados para seleccionar personal y evaluar alumnos, pero también para realizar todo tipo de investigaciones en las que se estudian las relaciones que hay entre los rasgos de personalidad y todo tipo de propensiones, ya sean buenas o malas. De entre todas estas herramientas, han tenido una gran relevancia histórica el cuestionario 16PF de Raymond Cattell, el Inventario Multifásico de Personalidad de Minnesota y el cuestionario de Eysenck.

EL LABORATORIO DE WILHELM WUNDT

Las aportaciones de Galton fueron determinantes para abordar por primera vez temas de carácter psicológico utilizando la medición y la estadística, algo necesario si se quería trabajar con información objetiva que pudiera servir para reforzar o refutar hipótesis teniendo en cuenta las tendencias generales que están presentes en la población. Esto ofreció una base a partir de la cual pudieron empezar a trabajar otros psicólogos que, en vez de basarse exclusivamente en sus propias opiniones o en lo que les dictaba el «sentido común», querían contrastar sus hipótesis con hechos y tendencias generales que mostrasen una imagen aproximada sobre cómo funciona la mente humana. Su metodología de trabajo basada en la medición de características individuales le ofreció la oportunidad de expresar numéricamente objetos de estudio relacionados con la mente y que hasta el momento sólo habían sido definidos vagamente por los filósofos. Es por eso por lo que Galton fue uno de los responsables de la aparición de la psicología experimental y la psicología científica en general.

Sin embargo, Galton estudiaba estos rasgos del mismo modo en el que investigaba acerca de cualquier rasgo físico o sobre los procesos sensoriales. Medía atributos relacionados con la mente porque quería medir al ser humano en todos los aspectos posibles y extraer conclusiones que pudiesen ser encuadradas dentro de la teoría de Darwin (o que ayudaran a dar respuesta a temas más relacionados con la filosofía y la sociología), no porque se propusiera crear una teoría sobre cómo nos comportamos y pensamos. Esta tarea estaba reservada para las personas que transformaron la psicología en una disciplina y que, ellos sí, se centraron en el estudio de la psique.

El nacimiento de la psicología como una disciplina independiente de la filosofía suele situarse alrededor de 1879, año en el que un investigador llamado Wilhelm Wundt desarrolló en la Universidad de Leipzig el primer laboratorio dedicado al estudio de la conducta y de la mente en seres humanos. A pesar de que las primeras clases impartidas por Wundt no atrajeron demasiado la atención del alumnado, pocos años después eran muchos los estudiantes que llenaban sus aulas. No resulta extraño, teniendo en cuenta que la existencia del laboratorio de psicología experimental suponía la entrada de esta disciplina en el mundo de las ciencias, algo que sin duda resultaba muy innovador.

La relación entre la ciencia y las actividades llevadas a cabo por Wundt no era ni superficial ni meramente cosmética. Realmente había algo novedoso en su manera de abordar el estudio de la mente y la conducta; algo que indicaba la aparición de un nuevo ámbito científico. Aprovechando los conocimientos que había adquirido como ayudante del médico alemán Hermann von Helmholtz, Wundt ideó una forma sistemática de estudiar la manera en la que las sensaciones producidas por ciertos estímulos recogidos por los sentidos interactúan con los procesos mentales y las experiencias conscientes en general. Esta estrategia se basaba, entre otras cosas, en el uso de parámetros para clasificar y medir tanto los tipos de estímulos utilizados sobre los sentidos de sus ayudantes como las maneras en las que éstos reaccionaban, de modo que el experimento pudiera repetirse muchas veces bajo las mismas condiciones y poder comparar así los resultados obtenidos en una sucesión de observaciones.

Pero la ciencia que estaba inaugurando Wundt no se limitaba a estudiar el modo en el que el cuerpo reacciona ante hechos externos y detectables por los sentidos, como por ejemplo el modo en el que responde a la luz. De ser así, su ámbito de investigación no se habría distinguido de la fisiología. También quería estudiar el medio interno de la mente humana, en el que encontramos pensamientos y sentimientos, para identificar y describir los elementos concretos que hay en él. Y es que, a pesar de admitir que una vertiente del mundo mental es inaccesible para los instrumentos de la ciencia, Wundt se negaba a relacionar la consciencia con la idea de un espíritu sobrenatural, y creía que mediante una introspección controlada y sistematizada minuciosamente era posible

DATO CURIOSO

A diferencia de Descartes —que creía que la vida mental era exclusiva de los seres humanos mientras que los animales carecían de ella, puesto que no poseían alma y estaban formados únicamente por materia—, Wilhelm Wundt llegó a la conclusión de que todas las formas de vida, aunque sean microscópicas, poseen vida mental.

Sin embargo, independientemente de que Wundt entendiera la psicología como una ciencia de pleno derecho y que volcara todos sus esfuerzos en poder medir elementos y repetir experimentos bajo los mismos parámetros, eso no significa que abrazase totalmente el reduccionismo que se alimentaba desde el positivismo. Wundt no creía que toda la vida mental de los seres humanos se pudiera descomponer en pequeñas partes susceptibles de estudio en un laboratorio, al estilo de la actividad que llevaban a cabo los médicos y los fisiólogos, porque consideraba que parte de los procesos mentales eran demasiado abstractos y complejos; es decir, son de orden superior. Esta vertiente de la psique humana está fuertemente influida por fenómenos de tipo social y cultural que han de entenderse de forma global y que deben poder relacionarse con un contexto histórico determinado. Por ejemplo, es fácil que la luz amarilla no produzca las mismas sensaciones en una persona de España que en otra de la India, y lo mismo pasa con el resto de los colores. Razón por la cual Wundt también aventuró explicaciones acerca de cómo interaccionaban la mente de las personas individuales y ciertos fenómenos de naturaleza social, como el arte, las costumbres o el lenguaje, y definió un ámbito de la psicología llamado «psicología de los pueblos» —también conocida como psicología etnológica o étnica—, cuya la finalidad era el estudio de las relaciones entre la mente, la conducta y las características propias de la etnia o el pueblo al que se pertenece.

obtener información válida sobre el funcionamiento de la mente (el método introspectivo consiste en hacer que el propio sujeto estudiado informe sobre lo que «le pasa por la mente» siguiendo unas instrucciones). De este modo, parte de la información con la que debía trabajar el psicólogo experimental debía proporcionarla la propia persona que estaba siendo estudiada, a la vez que informaba acerca de lo que experimentaba «internamente».

Así, la psicología experimental de este investigador abordaba dos realidades que debían ser combinadas. Por un lado, utilizaba el registro de hechos observables y medibles relacionados con el modo en el que se reaccionaba ante ciertos estímulos simples, como por ejemplo la aplicación de luz sobre las pupilas, controlando los tiempos y la intensidad de estos estímulos. Por el otro, recurría a la introspección experimental, en la que la persona que estaba siendo estudiada examinaba su propia mente siguiendo ciertas instrucciones y permitía que el investigador registrase lo que pensaba y sentía. Wundt utilizaba esta información sobre el modo en el que el cuerpo reacciona frente a acontecimientos externos y la manera en la que se producen acontecimientos internos (mentales y conscientes) para detectar patrones en los pensamientos, sentimientos y sensaciones de estos sujetos y, a partir de ahí, proponer algunas ideas y teorías sobre cómo es la psique humana.

LA PSICOLOGÍA EXPERIMENTAL SE EXPANDE

Tan importante como sus trabajos fue la influencia que ejerció Wundt en sus discípulos. Parte de esta generación de estudiantes salió de Leipzig para desarrollar nuevos laboratorios de psicología en otros países, de manera que ésta pasó a tener un papel institucional en varios continentes. Estos jóvenes investigadores estaban entusiasmados por la idea de convertir la psicología en una ciencia natural siguiendo los pasos de su maestro, pero algunos llegaron a estar incluso más influidos por el positivismo que el propio Wilhelm Wundt. Es el caso de Edward Titchener, un estudiante inglés que tras su paso por el laboratorio de Leipzig se trasladó a América y puso en marcha el suyo en Cornell. La psicología científica que Wundt había inaugurado dejaba la puerta abierta a la posibilidad de formular explicaciones sobre la conducta y los procesos mentales descomponiéndolos en causas de naturaleza más bien fisiológica, partiendo de un enfoque reduccionista, así que Titchener no perdió la oportunidad para distanciarse de las enseñanzas de su maestro e intentar acercar la psicología a las ciencias naturales.

Titchener tomó como referencia el modo en el que los químicos analizaban la estructura de las moléculas fijándose en los átomos que las componen, y quiso aplicar el mismo enfoque reduccionista en el ámbito de la psicología. No es de extrañar, por lo tanto, que rechazase la idea de la psicología de los pueblos propuesta por Wundt. A la vez, proponía analizar cualquier tipo de experiencia o fenómeno mental y descomponerlo en partes simples, independientemente de si se trataba de un proceso más bien básico (como la sensación producida por un estímulo sobre la piel) o superior (como un pensamiento, por elaborado que éste fuera), para que una vez que se hubieran identificado todos los elementos y se supiera el modo en el que se combinan, se pudiera saber cómo es la estructura de la mente.

Al enfoque de Titchener se lo llama estructuralismo por razones obvias. Puede entenderse como una versión radical y caricaturizada de la perspectiva que adoptó Wundt para el estudio de la psicología en laboratorios y que no considera la inclusión de teorías sobre la psicología de los pueblos, ya que los fenómenos que intenta explicar esta última no pueden ser reducidos a «elementos mentales» que nacen y mueren en el individuo sin tener nada que ver con las dinámicas sociales en las que vive.

El estructuralismo como enfoque de la psicología tuvo poco recorrido y dejó de tenerse en cuenta en los años veinte, ya que no prosperaron los intentos de descomponer la vida mental en elementos simples. Por otro lado, al dedicarse a describir los procesos mentales más que a explicar su funcionamiento, convertía la psicología en una disciplina que difícilmente podía ser aplicada y, por tanto, no resultaba muy útil. Esta última crítica se la apropiaron un grupo de psicólogos estadounidenses que desarrollaron la corriente «funcionalista», en contraposición con el estructuralismo de Titchener. La mente, decían estos investigadores, no debe ser entendida como algo que puede ser abordado describiendo su estructura del mismo modo en que se estudia la anatomía de un cuerpo inerte, porque de esta manera no se sabe cómo funciona. Según la perspectiva funcionalista, la vida mental cobra sentido al permitir que el individuo se adapte al entorno, y si queremos entender las lógicas que operan en ella hay que saber a qué necesidades responden los procesos mentales y de qué manera tratan de ajustarse a éstas. Como consecuencia de estas ideas, producto de una clara influencia de Charles Darwin, los seguidores del funcionalismo tendieron a reivindicar el papel de la psicología como una disciplina científica que pudiera ser aplicada en situaciones cotidianas y que explicara cómo interactuamos con el ambiente en el que vivimos.

Si nos basamos en cómo se han ido sucediendo los hechos a lo largo de la historia, resulta evidente que el funcionalismo superó al enfoque estructuralista de Titchener. No sólo sus ideas si-

guen estando vigentes hoy en día, sino que han ido configurando
tanto la metodología como los objetivos de los enfoques psicológicos que están vigentes en la actualidad.

WILLIAM JAMES Y EL FLUJO
DE LA CONSCIENCIA

Si intentamos descomponer nuestra propia consciencia en elementos, nos daremos cuenta de que es una tarea muy frustrante,
ya que resulta imposible separar la experiencia de estar escu-
chando una canción de la experiencia de estar sentados o de pie
en ese mismo instante. Del mismo modo, nuestros recuerdos harán que la música en cuestión aparezca en nuestra consciencia
impregnada de una serie de emociones y actitudes que tienen que
ver con la música que estamos habituados a escuchar, la imagen
que tenemos de nosotros mismos, las personas a las que nos
recuerda la melodía, etc. La consciencia se experimenta como un
todo, y por eso es tremendamente difícil intentar definirla o expli-
carla, porque definir algo es limitarlo.

Estas ideas están muy relacionadas con el enfoque funcionalista, y tienen mucha relevancia porque la consciencia es la vertiente
de los procesos mentales cuya existencia nos parece más obvia. Si
nos proponemos estudiar los procesos mentales, no podemos ignorar la consciencia, pero a la vez es prácticamente imposible experimentar con ella porque es enormemente difusa y se resiste a
ser medida. Y ése fue precisamente el objetivo que se propuso uno
de los psicólogos más importantes de la historia: William James.
Este filósofo y psicólogo, para muchos el padre de la psicología en
Estados Unidos, se considera un precursor del funcionalismo que
surgió como reacción a las ideas de Titchener al entender la activi-

dad mental como algo en constante desarrollo y oponerse totalmente a tratarla desde una perspectiva estructuralista.

Al igual que Wundt, William James estudió Medicina en la universidad (entre los hombres ricos de la época, intentar labrarse
una carrera como médico era algo absolutamente común), pero
su curiosidad iba más allá de los temas allí tratados. Esto lo llevó
a aprender filosofía por su cuenta, y, cuando se graduó en 1869,
decidió dedicarse a la psicología, que reunía características y temas de estudio tanto de la medicina como de la fisiología. En
1875 ya estaba impartiendo clases sobre esta materia y formando a toda una serie de estudiantes que en los años posteriores
seguirían desarrollando el funcionalismo. A partir de ese momento fueron muchas las universidades que empezaron a tener depar-
tamentos de psicología y a ofrecer la posibilidad de formarse en
esta nueva ciencia.

William James, a sabiendas de que era muy difícil explicar la
naturaleza de la consciencia y de los procesos mentales en general, optó por usar un término con tintes metafóricos: «corriente de
la consciencia» (en inglés, *stream of conciousness*). Señaló una
aparente paradoja que cualquier persona puede experimentar en
cualquier momento; la consciencia es vivida como una totalidad
que se percibe como algo unificado pero que, a la vez, es una sucesión de pensamientos en constante cambio que se asocian entre sí. Dicho de otro modo, la consciencia es en parte estabilidad,
porque siempre hay una consciencia que podemos experimentar, y
en parte transformación constante, porque el contenido de la misma siempre está cambiando, queramos o no. Si nos detenemos a
examinar los contenidos de nuestra mente, decía James, nos daremos cuenta de que no podemos identificar ideas y sensaciones
puras, atemporales y desligadas de lo que experimentamos en el
presente, lo que hemos experimentado en el pasado y lo que cree-

mos que vamos a experimentar en el futuro. Todos los pensamientos de este flujo forman un tejido del que no pueden ser separados, porque lo que caracteriza a los procesos mentales es el modo en el que todo lo que interviene en ellos hace referencia a muchas otras cosas. Por ejemplo, si permanecemos sentados en una habitación que frecuentamos y nos concentramos en los pensamientos que van asomando a nuestra consciencia, nos daremos cuenta de que se relacionan con distintas ideas y sensaciones, que no permanecen demasiado tiempo en nuestra mente y que ni siquiera hacen referencia al presente: pensaremos en experiencias anteriores que hemos tenido en ese lugar, en lo cómodos o incómodos que estamos en ese momento, en las posibilidades de decorar ese espacio, etc. Si hacemos lo mismo en una habitación que nunca antes habíamos visto, valoraremos esa estancia en función de lo que se parezca o no a otros lugares que conocemos, juzgaremos su decoración según las expectativas que teníamos antes de entrar en ella e, incluso, puede llegar un punto en el que pensemos que es más agradable de lo que habíamos supuesto al principio. En cualquier caso, hagamos lo que hagamos e independientemente de dónde nos encontremos, James aseguraba que nos resultará imposible experimentar las sensaciones simples de las que hablaban los estructuralistas ni podremos desvincularlas del tejido de pensamientos para evaluarlas como si fuesen fragmentos de consciencia o átomos de pensamiento. Para él, la mente era un constante fluir de experiencias que no pueden ser separadas entre sí, ya que existen como parte de un todo, y lo comparaba con una corriente de agua que, a pesar de estar moviéndose y cambiando constantemente, forma una unidad (después de todo es muy fácil identificar un arroyo, pero no se puede descomponer en partes). La consciencia se mueve constantemente entre los pensamientos ligados al futuro y aquellos ligados al pasado, hace que todo lo que

pensamos cambie constantemente y a través de este fluir experimentamos nuestra vida mental como un todo, algo que no puede ser desmontado porque no es una realidad tangible sino un proceso que nos permite adaptarnos a un entorno que también está en constante cambio.

Cuando Titchener llegó a Estados Unidos en 1893 y empezó a sentar las bases del estructuralismo en psicología, James se opuso a estas ideas. Y lo hizo porque, a diferencia del inglés, él creía que la consciencia no puede ser reducida a partes simples que puedan ser entendidas como algo individual, como sensaciones y experiencias puras.

Sin embargo, aunque la metáfora de la corriente de agua es una manera intuitiva y hasta bonita de entender la naturaleza de la consciencia, dejaba incógnitas por resolver. La más importante de ellas era la que cuestionaba cómo unos pensamientos daban

DATO CURIOSO

En cierto momento de su vida, William James se interesó por temas como la telepatía y el estudio de los médiums, lo cual le llevó a ser uno de los primeros miembros de la American Society for Psychical Research, una organización dedicada al estudio de temas relacionados con la parapsicología y los fenómenos supuestamente sobrenaturales. Esto lo distinguía de otros investigadores de la época, que ya habían descartado la posibilidad de que fenómenos como la telepatía o la clarividencia existiesen.

paso a otros nuevos, ya que de acuerdo con sus propias ideas acerca de cómo funciona la consciencia, no hay ningún pensamiento que contenga en sí mismo información acerca de cómo debe ser combinado con los demás para formar nuevas ideas y experiencias, algo que en cierto modo sí ocurriría si, como decían los estructuralistas, la mente estuviera compuesta por algo similar a átomos. William James expuso este problema diciendo que si se le diera una palabra a cada uno de los miembros de un grupo y se les pidiera a todos que pensasen en su palabra, no habría ninguna manera de que en algún lugar emergiera la consciencia de la frase que forman éstas. Del mismo modo, resultaba problemático explicar cómo a partir de los pensamientos «Estos frutos son comestibles» y «Tengo hambre» puede aparecer el pensamiento «Voy a comerme estos frutos». La respuesta que James propuso ante este problema, sin embargo, fue más bien filosófica. Según él, ciertos pensamientos e ideas llevan a otros de manera natural, al no poder ser separados los unos de los otros. Tanto esta explicación como muchas otras que elaboró James a lo largo de su vida se alejan de la filosofía materialista que defendían los psicólogos experimentales. Sin embargo, esto no evitó que él mismo introdujera la psicología experimental en el continente americano por cuestiones prácticas, ayudando de este modo a que la psicología se consolidase en el mundo académico.

En William James encontramos algunas de las contradicciones que cabría esperar de una ciencia incipiente. Por un lado, era un filósofo que no tenía reparos en hablar sobre conceptos como el alma o la telepatía, pero por otro, escribió uno de los libros más famosos e importantes de la psicología científica *(Principios de Psicología)* y defendió que era necesario recurrir a la psicología experimental para saber más cosas sobre el funcionamiento de la psique. Este hecho, sumado a las importantísimas aportaciones de este investigador a la psicología, explica que buena parte de las ideas de William James sigan siendo aceptadas hoy en día por la comunidad científica.

EL FINAL DE UNA ÉPOCA

Galton, Wundt y William James son nombrados frecuentemente como los tres «padres» de la psicología. El primero lo es, básicamente, por preparar el terreno para la investigación en profundidad de los procesos mentales, demostrando que no es inconcebible someter a medición sistemática las características psicológicas y analizar los datos utilizando herramientas estadísticas.

Wundt y William James, por su parte, utilizaron la experimentación para crear teorías sobre cómo es y cómo opera la mente, y contribuyeron así a la separación definitiva de la psicología y la filosofía. Sin embargo, desde finales del siglo XIX muchas de sus ideas y teorías han sido refutadas, y el método introspectivo del que se sirvieron ambos ha sido descartado por gran parte de la comunidad de psicólogos, debido a que el mismo hecho de concentrarse y reflexionar sobre los fenómenos mentales que se experimentan hace que se modifique el curso espontáneo de los pensamientos, y, además, el investigador no puede controlar el modo en el que la persona a la que estudia selecciona una parte de su corriente de pensamiento para comunicarla en voz alta.

Por lo que respecta al funcionalismo, nunca entró en conflicto con otra corriente que lo desplazase, así que en cierto modo sigue vivo hoy en día, materializado en todo tipo de corrientes psicológicas. Gracias al funcionalismo, y basándose en modelos y explicaciones que hacen referencia a cómo funcionamos, la psicología ha ido desarrollándose y ha permitido abordar problemáticas muy diversas relacionadas con nuestro día a día y con diferentes ámbitos de actuación: cómo podemos luchar contra las adicciones, qué método educativo nos beneficia más, cómo podemos superar la ansiedad, etc.

Sin embargo, tanto el estructuralismo como el funcionalismo no son enfoques de la psicología tal y como se entienden éstos actualmente. Ambos se consideran perspectivas generales sobre la naturaleza de la mente y acerca de cómo debe ser estudiada, pero no llegan a concretar cómo opera. Y esto es algo que sí han abordado los enfoques o «escuelas de la psicología».

4

DIVANES, CAJAS NEGRAS Y FIGURAS

LAS DISTINTAS ESCUELAS DE LA PSICOLOGÍA

Para entender qué es la psicología y las conclusiones sobre el ser humano a las que ha llegado es necesario saber de dónde vienen ciertas ideas, de qué manera se han ido reformulando y en qué supuestos se basan. O, lo que es lo mismo, es necesario entender cómo ha ido transformándose el estudio de la psique a lo largo de la historia, a través de diferentes enfoques o «escuelas» que han ido desarrollando sus teorías y sus líneas de investigación en paralelo, aunque retroalimentándose en numerosas ocasiones.

Así que volvamos por un momento a la Europa de finales del siglo XIX, poco después de la aparición del enfoque estructuralista en psicología, para hablar sobre uno de los psicólogos más famosos de la historia: Sigmund Freud.

FREUD Y LA CORRIENTE PSICODINÁMICA

Divanes, terapia psicológica basada en el discurso, distintos test de personalidad en los que hay que interpretar unas manchas... Gran parte de las ideas asociadas popularmente con la psicología forman parte de la escuela psicológica de la psicodinámica, iniciada por el psiquiatra y neurólogo austríaco Sigmund Freud a finales del siglo XIX, cuando los discípulos de Wundt empezaban a propagar por el mundo la buena nueva de la psicología experimental. En vez de limitarse a estudiar el funcionamiento del sistema nervioso en laboratorios, Freud decidió estudiar las psicopatologías y el papel que tenía en ellas lo que él llamó «el inconsciente» para explicar, a partir de los casos que había observado, cómo funciona la psique humana.

Aunque la idea de que una parte de la mente de las personas permanece oculta a la consciencia no se le puede atribuir a Freud, él fue el primero en desarrollar una serie de teorías acerca de esta parte escondida de la psique relacionadas con el propio funcionamiento del cuerpo. Asimismo fue el primero en remarcar la diferencia entre los conceptos «mente» y «consciencia». Y es que, aunque tradicionalmente se daba por supuesto que el ser humano es básicamente racional y gobierna sus actos a través de la consciencia, para Freud ni siquiera los individuos más sanos son capaces de conocer más que una pequeña parte de lo que ocurre en su psique. En su opinión, prácticamente todos los actos y los procesos mentales son consecuencia de las fuerzas ocultas que se encuentran en el inconsciente de cada persona. Excepto una pequeña parte de sentimientos y pensamientos que va emergiendo a la consciencia, todo lo demás permanece detrás de un telón mental que nadie será capaz de apartar jamás, por mucho que lo intente. La parte inconsciente de la psique humana siempre estará ahí, incluso tras haber sido sometida a psicoterapia.

Esta idea de una psique cuyo motor es la lucha entre contenidos latentes, ocultos a la consciencia, y los contenidos manifiestos, que pueden ser expresados a través de diferentes conductas y formas de representación, es la que estructura la mayoría de las teorías y metodologías de intervención psicoterapéutica que se proponen desde la corriente psicodinámica, que entiende la mente como algo en constante movimiento, fruto de la tensión psíquica entre lo que puede ser expresado y lo que permanece oculto.

El interés de Freud por la vertiente inconsciente de la psique se debió principalmente a la influencia que ejercieron en él Josef Breuer y Jean-Martin Charcot. El primero, médico que se convirtió en el mentor de Freud en Viena, le contó a Freud el caso de Anna O., pseudónimo de una de sus pacientes con síntomas nerviosos a la que durante dos años, de 1880 a 1882, había estado tratando con hipnosis y pidiéndole que verbalizara todo lo que sentía. Breuer creía que la hipnosis era útil para que los pacientes reviviesen traumas y conflictos emocionales y se liberasen de ellos a través de la palabra, un método al que denominó catarsis. De algún modo, intuía que había una parcela de la mente en la que quedaban registrados aquellos pensamientos que resultaban tan estresantes para una persona que la consciencia se encargaba de borrar pero que generaban una serie de síntomas en el cuerpo cuyas causas eran difíciles de identificar. Ésta es una idea que Freud rescataría más tarde en sus teorías del psicoanálisis.

El segundo, Jean-Martin Charcot, fue un médico francés que dio clases a Freud entre 1885 y 1886, cuando este último viajó a París para estudiar allí durante un tiempo. Charcot era, además de pionero en el ámbito de las neurociencias, muy conocido por sus estudios sobre la histeria, un término que en aquella época se usaba para designar una serie de síntomas que presentaban algunas mujeres. La histeria era un fenómeno desconcertante, porque se podía expresar de varias formas y a través de unos síntomas aparentemente poco relacionados entre sí, como por ejemplo una emocionalidad excesiva (risas o llantos), desmayos o hasta parálisis y cegueras transitorias, y Charcot se propuso arrojar algo de luz sobre el tema buscando indicios de causas biológicas que explicasen estos extraños casos. Creía que la histeria era una enfermedad hereditaria con base biológica y que se expresaba siguiendo algunas leyes, independientemente de la cultura a la

que perteneciese la paciente, pero que podía ser tratada mediante la hipnosis, una técnica basada en la sugestión con la que se
venía trabajando desde el siglo XVIII. Freud quedó impresionado
por lo que creía que eran pruebas de que una técnica relacionada
con el inconsciente podía funcionar para tratar casos clínicos.

LA APARICIÓN DEL PSICOANÁLISIS

A la vuelta de París, Freud abrió una consulta privada y empezó
a ofrecer tratamiento psicológico partiendo de la premisa de que
muchos casos en los que la salud mental se veía comprometi-
da tenían sus causas en recuerdos traumáticos que permanecían
en la parte inconsciente de la psique. Esto lo llevó a desarrollar
el conjunto de teorías y técnicas del psicoanálisis entre 1890 y
1900.

Entre las ideas que desarrolló Freud cobra especial importancia las que hacen referencia a un concepto llamado libido, o energía psíquica. Como buen psicoanalista, Sigmund Freud creía que
la mente, lejos de tener su razón de ser en una estructura fija,
está en tensión permanente, en un continuo fluir de sensaciones
y pensamientos. Y llegó a la conclusión de que los contenidos de
la mente pueden ser entendidos como una especie de energía
psíquica que circula constantemente a través de un sistema de
cámaras y válvulas y que, por lo tanto, puede liberarse o reprimir-
se, pero nunca desaparecer, tal y como estipula el principio de
conservación de la energía. Así pues, para Freud la mente puede
ser ilustrada como una especie de máquina de vapor en constante funcionamiento, pero que, a la vez, ha de lidiar con la presión
dejando ir (pero no eliminando) gas por sus válvulas. Según esta
teoría, todos tenemos de manera innata una energía psíquica que
nos permite movernos hacia unos objetivos para satisfacer nece-

DATO CURIOSO

La idea de la lucha entre los impulsos y las fuerzas psíquicas que intentan reprimir esos deseos y necesidades hizo que una parte de los seguidores de la corriente psicodinámica empezasen a desarrollar test proyectivos para estudiar la personalidad de sus pacientes. Uno de los más famosos es el test de Rorschach, desarrollados en la primera mitad del siglo xx por Hermann Rorschach, que intentaba analizar el modo en el que ciertos contenidos del inconsciente son «proyectados» hacia fuera e influyen en el modo en el que se les da significado a una serie de manchas de tinta simétricas cuya principal característica es que no significan nada. Otros test proyectivos son aquellos en los que se le pide al paciente que dibuje algo para así intentar interpretar sus rasgos de personalidad a partir de cómo va plasmando gráficamente las figuras. Dos de los más conocidos son el test casa-árbol-persona, que durante muchos años se han ido utilizando tanto en el ámbito clínico como en el educativo.

Los test proyectivos carecen de valor científico, si bien son muy conocidos e icónicos.

sidades pero que, a la vez, puede ocasionarnos problemas si no sabemos «darle una salida». A su vez, los impulsos psíquicos producidos por la excitación interna que puede vincularse a una necesidad se llaman pulsiones, y pueden adoptar distintas formas en su lucha por calmar ese estado de agitación que las ha provocado.

Esta lucha interna en la psique de todo ser humano también queda plasmado en otro de los planteamientos teóricos más importantes de Freud: la teoría de las pulsiones de vida y las pulsiones de muerte, conocidas también como Eros y Thanatos, y que vio la luz en su libro *Más allá del principio del placer*, publicado en 1920. Según esta teoría, el ser humano se mueve entre la inclinación por la conservación de nuestro bienestar y la atracción por la muerte: por un lado tendemos a preocuparnos por la propia integridad y mantenemos vinculadas a nosotros todas aquellas cosas relacionadas con la vida (como todas las partes del cuerpo o incluso las parejas sexuales), pero por otro también nos sentimos atraídos por la muerte, por la desaparición de todo aquello que vinculamos a la idea del yo y por la entrada en un estado de tranquilidad; al morir dejamos de desear cosas porque ni actuamos ni podemos ser estimulados. Esta dicotomía entre las pulsiones de vida y las pulsiones de muerte, según Freud, ayudaría a explicar fenómenos como el sadismo o el sadomasoquismo.

También es de relevancia la teoría del desarrollo psicosexual de Freud. Éste creía que el hecho de satisfacer o no las necesidades expresadas a través de la libido durante la infancia deja unas huellas en el inconsciente de las personas que pueden ocasionar problemas (fijaciones) y provocar crisis más adelante si estos conflictos ligados al pasado no se comprenden y resuelven. Por este motivo, las hipótesis con las que empezaron a trabajar los psicoanalistas para tratar a sus pacientes tenían que ver con su historia vital de los primeros años de desarrollo. Otro aspecto en el que Freud sentó precedentes.

Poco después de volver de París, se dio cuenta de que no hacía falta utilizar la hipnosis para hacer que las personas accedieran a ciertos contenidos que habían estado ocultos hasta entonces, sino que podía recurrir a la interpretación de los sueños, a la interpretación de actos fallidos (o deslices) y, muy especialmente, a la técnica de la asociación libre.

El padre del psicoanálisis creía que los sueños contienen visiones y sensaciones en las que ciertos pensamientos inconscientes se manifiestan mediante símbolos, y que otros contenidos latentes se manifiestan durante la vigilia a través de actos fallidos

en los que la persona realiza una acción involuntaria (como por ejemplo, cuando se da un *lapsus linguae* al sustituir una palabra por otra). La técnica de asociación libre, además de ser el principal método de investigación del inconsciente que usó Freud, hacía innecesario sugestionar a los pacientes. Consistía, básicamente, en hacer que éstos se relajasen y dijeran en voz alta los pensamientos que en ese momento pasaban por su cabeza, muchas veces mientras se hallaban acostados en un diván o similar, mientras su terapeuta los escuchaba atentamente, inmerso en una especie de meditación a la vez que trataba de averiguar qué fuerzas inconscientes estaban detrás de los malestares de sus clientes. Freud creía que la técnica de asociación libre, además de ser más eficaz que la hipnosis a la hora de hacer emerger contenidos de lo inconsciente, evitaba el riesgo de que el psicoanalizado reprodujera las ideas del psicoanalista que lo estaba sugestionando, en vez de trabajar con sus propios pensamientos. El terapeuta debía guiar al paciente a la hora de hacer emerger manifestaciones ocultas de su psique, y su trabajo era en parte ayudar a que éste expresase sus pulsiones a través del lenguaje.

Con este método, ciertos contenidos no quedaban expresados de manera totalmente manifiesta ni se revelaban de manera literal, sino que salían a la luz bajo un disfraz, y era tarea del psicoanalista saber detectarlos e interpretarlos. Es importante tener esto en cuenta, porque para Freud el inconsciente es inaccesible, y por lo tanto sólo pueden ser conocidas las diferentes maneras en las que sus contenidos se expresan emergiendo a través de los sueños, las asociaciones libres y los deslices. Nunca se llega a un punto en el que todo lo que permanece en el inconsciente se revela, algo que tampoco sería deseable. Lo que causa problemas no es la existencia en sí de lo inconsciente, sino los conflictos que pueden generar los contenidos que fluyen a través de él al entrar en contacto con otro tipo de fuerzas.

Hay que tener en cuenta que las ideas y las teorías de Freud se basaban fundamentalmente en estudios de caso, lo cual significa que no se apoyaban en la realización de experimentos sistemáticos en un ambiente de laboratorio. Esto, además de valerle críticas muy duras por parte de científicos que defendían la necesidad de usar más variedad de métodos de investigación, tenía el inconveniente de que el número de individuos que podía estudiar era muy reducido. En Viena, Freud y sus primeros seguidores extraían sus conclusiones a partir de sus experiencias con pacientes neuróticos, lo cual limitaba bastante la variedad de casos que tenían que afrontar. Fue más adelante, cuando las influencias freudianas llegaron a otros países, cuando el psicoanálisis empezó a aplicarse de forma más extensiva en pacientes con trastornos psicóticos, diferentes modelos educativos y todo tipo de parcelas del conocimiento abordables desde la psicología.

CRÍTICA AL PSICOANÁLISIS Y ARQUETIPOS DE JUNG

Cuando Freud fundó la Asociación Psicoanalítica Vienesa en el año 1908, el psicoanálisis ya gozaba de cierta popularidad y la nueva corriente contaba con numerosos seguidores que habían empezado a formarse en esta práctica terapéutica. Sin embargo, a medida que el psicoanálisis ganaba repercusión, también aumentaban los diferentes puntos de vista sobre cómo funcionan las fuerzas inconscientes de la psique humana. Este hecho, sumado a lo controvertidas que resultaban muchas de las ideas de Freud, hizo que sus teorías fuesen muy cuestionadas.

Uno de los puntos del psicoanálisis de Freud que generó más polémica fue su teoría sexual, según la cual la sexualidad infantil y los diferentes modos en los que ésta puede ser satisfecha tienen un papel crucial en la aparición de síntomas neuróticos cuando se llega a la adultez y el cuerpo intenta ajustarse a apetitos no atendidos en su momento. El énfasis que Freud puso en el sexo (entendido de manera muy amplia como la satisfacción de un deseo, no necesariamente como la unión de los genitales) le granjeó el rechazo de buena parte de la sociedad, pero también motivó que algunos de sus alumnos se distanciasen de sus ideas. Esto es lo que ocurrió, por ejemplo, con Alfred Adler y Carl Gustav Jung, que además discrepaban con Freud en algunos pilares teóricos del psicoanálisis ortodoxo, como la idea de la dicotomía entre las pulsiones de vida y las de muerte. Para ver hasta qué punto llegaron a ser cuestionadas las teorías de Freud, basta con detenerse en las ideas de Carl Jung.

Jung, además de cuestionar la importancia de los conflictos sexuales, rechazaba la filosofía materialista de su maestro y defendía la idea de que la investigación del psiquismo debía tener una orientación más humanística y espiritual. Al contrario que Freud, el cual sostenía que el psiquismo existe como algo inseparable de la materia (el cuerpo y su manera de relacionarse con su entorno físico), Jung creía que lo inconsciente tiene una vertiente espiritual que trasciende al individuo pero que, a la vez, influye en todos sus actos y su manera de percibir la realidad. Llegó a la conclusión de que además de una parte de la mente en la que las experiencias propias quedan fuera del alcance de la consciencia, existe un inconsciente colectivo, algo que pertenece no ya a la persona sino a toda la humanidad. Jung explicó que este inconsciente colectivo se estructura a través de una serie de formas

DATO CURIOSO

Una de las primeras experiencias espirituales que vivió Carl Jung fue un sueño que tuvo a muy temprana edad. En él, Jung descendía por un agujero rectangular en una pradera. Al fondo, una especie de cortina le impedía ver lo que había al otro lado, pero él, movido por la curiosidad, la apartó con la mano. Lo que vio le impactó profundamente: era una especie de sala de palacio, con una larga alfombra roja en cuyo extremo podía verse un trono. Sentado en él, se erguía una enorme bestia con forma fálica y con un solo ojo en la parte superior. Aunque no parecía haberse percatado de la presencia del joven Jung, el monstruo suscitó un miedo en el pobre niño, ya que éste tenía la certeza de que podía abalanzarse sobre él en cualquier momento. La situación empeoró cuando oyó que su madre gritaba desde la entrada: «¡Míralo, es el que se come a los hombres!». Años después, Jung concluyó que este sueño supuso su despertar intelectual y su interés por el estudio de lo oculto, representado por su viaje hacia el mundo subterráneo y la exploración de lo que se encuentra detrás de la cortina.

simbólicas (arquetipos) que son fruto del conocimiento y la memoria que todos compartimos como miembros de la misma especie. Así, aunque superficialmente los arquetipos puedan variar dependiendo de la cultura y la persona, todos ellos se dan tanto en las mentes individuales (a través de sueños o relatos propios) como en los productos culturales, como los mitos, las religiones o los deportes. De este modo, Jung señaló que en todas las culturas existe el arquetipo del héroe, del sabio o del bromista, entre otros.

LAS TEORÍAS DE FREUD HOY EN DÍA

Los seguidores del psicoanálisis fueron desarrollando sus propias teorías después de la muerte de Freud, ocurrida en 1939, y se dieron muchos casos en los que las conclusiones a las que llegaron contradecían las del austríaco. Esta deriva provocó la aparición de varias escuelas que, si bien desde un punto de vista histórico tienen sus orígenes en las ideas de Freud, son distintas en muchos aspectos de la corriente psicoanalítica original. Todas ellas pueden clasificarse en la categoría de la corriente psicodinámica, al basarse en la idea de una lucha interna entre fuerzas psíquicas que forman parte de la consciencia y otras que son reprimidas.

Más de cien años después de que Freud escribiera sobre cómo el inconsciente puede ser conocido indirectamente a través de la interpretación de los sueños, la corriente psicodinámica ha ido generando multitud de perspectivas sobre el funcionamiento de la mente y las lógicas ocultas que guían nuestros actos. Por ejemplo, hoy en día existen los llamados enfoques posfreudianos, como el psicoanálisis hermenéutico de Jacques Lacan o la psicología del yo de Heinz Hartmann. Además, en la actualidad el psicoanálisis puede ser entendido como un concepto más amplio: por un lado, es un conjunto de premisas, ideas y procedimientos que guían el estudio de los contenidos inconscientes de la mente. Por el otro, puede entenderse como un conjunto de propuestas psicoterapéuticas para tratar algunos trastornos mentales. También es una nueva disciplina a partir de la cual se pueden generar teorías no sólo sobre la enfermedad mental, sino también sobre muchas esferas de lo humano, como por ejemplo nuestra manera de relacionarnos o la aparición de los roles de género (algo en lo que han puesto especial interés los estudios sobre el feminismo y algunas corrientes antropológicas).

A pesar de estar seriamente cuestionada como ciencia, esta corriente ha tenido un impacto importantísimo en la filosofía y en la manera de pensar de Occidente. Y, aunque hoy en día, ni el psicoanálisis ni la corriente psicodinámica puedan ser reducidos a

DATO CURIOSO

En la primavera de 1938, pocos meses antes de su muerte, Freud se vio obligado a abandonar Viena y refugiarse en Londres a causa de la represión nazi. Sin embargo, las autoridades no le dejaron abandonar el país así como así, y le obligaron a firmar un documento en el que declaraba que había recibido un buen trato y había desarrollado sus tareas de investigación con total libertad. Freud, que tenía ochenta y dos años en ese momento, accedió a firmar el documento, pero no pudo resistirse a añadir el irónico comentario: «Recomiendo encarecidamente la Gestapo a cualquiera de todo corazón». Los agentes no captaron el sarcasmo que contenía la frase y Freud emigró a Inglaterra, donde murió aquejado de un cáncer de boca en 1939, pocos días antes del comienzo de la segunda guerra mundial.

las ideas de Sigmund Freud, éstas pueden considerarse los primeros ladrillos de todo un edificio teórico y práctico que se ha ido desarrollando hasta nuestros días. Eso explica que Freud tenga tanta relevancia histórica y que más adelante, en el capítulo dedicado a lo inconsciente, volvamos a ahondar en sus ideas.

EL NACIMIENTO DEL CONDUCTISMO

Poco después de que Freud y sus primeros seguidores decidieran empezar a estudiar las fuerzas inconscientes que guiaban el pensamiento y la conducta, otra escuela de investigadores se propuso transformar la psicología en algo diametralmente opuesto a lo que proponían los psicodinámicos. Esta nueva corriente recibió el nombre de conductismo debido a que los psicólogos que partían de este enfoque trabajaban con hipótesis y teorías que giraban en torno al estudio y la medición de la conducta. Ahora bien,

¿qué es la conducta exactamente? A pesar de que la definición que se le ha dado a esta palabra desde esta corriente ha variado con el tiempo, para buena parte de los conductistas se entiende por conducta, generalmente, la relación entre un estímulo (o conjunto de estímulos) y la respuesta observable que éste genera, siempre que la conducta haya sido aprendida o, por lo menos, pueda ser modificada. Así, por ejemplo, la contracción del iris ante una fuente de luz no se consideraría conducta, ya que es una acción que no puede ser modificada o «desaprendida», pero sí lo sería la respiración o, por supuesto, cualquier acción voluntaria.

Como el conductismo se centra en la tarea de estudiar el modo en el que se aprenden y se desaprenden conductas, sus seguidores estaban muy interesados en el estudio de los procesos de aprendizaje; pero al contrario de lo que ocurre con el enfoque psicodinámico, no le daban una especial importancia a las primeras etapas del desarrollo antes de entrar en la vida adulta, porque aunque podían aceptar la existencia del inconsciente, no creían que éste pudiera ser en sí mismo un agente generador de conductas. Así pues, se limitaban a observar y analizar lo que ocurría en un período determinado y más bien corto, el tiempo suficiente para ver la interacción entre los estímulos y las respuestas, normalmente en condiciones de laboratorio. Las explicaciones que daban a lo que veían debían partir de lo observado en ese tiempo, y no apoyarse en hipótesis imposibles de probar.

Además, los conductistas tendían a rechazar la necesidad de que el estudio de la psique partiera de explicaciones sobre lo que ocurre en la mente de los individuos, y en vez de eso observaban las relaciones (contingencias) que existen entre los estímulos ambientales y las respuestas que emite el organismo estudiado, para proponer teorías a partir de aquello que se puede identificar, aislar y medir fácilmente.

LOS FAMOSOS PERROS DE PÁVLOV

El conductismo se inicia con las investigaciones de Iván Pávlov, un fisiólogo ruso conocido por los experimentos con perros que realizó a partir de 1890. A pesar de no pertenecer al campo de la psicología, y aunque su objetivo inicial era llevar a cabo distintos estudios sobre la secreción salivar en dichos animales durante la digestión, Pávlov marcó un antes y un después en la ciencia psicológica y del comportamiento, y lo hizo sentando las bases de lo que sería el conductismo. En sus primeros experimentos, el fisiólogo había observado que después de alimentar durante varios días a los perros, éstos salivaban no sólo cuando les servía la comida, sino también cuando la olían o la veían a lo lejos. De hecho, tras darles de comer durante varios días, la simple presencia del investigador hacía salivar a los animales sin necesidad de presentarles la comida. Los perros habían asociado la presencia del fisiólogo con la entrega de una jugosa ración de comida, y eso les generaba unas expectativas que se hacían evidentes incluso a un nivel tan básico como el de la activación de las glándulas salivales. Esto le llevó a realizar unos experimentos algo distintos a los planteados en un inicio.

Pávlov empezó colocando a un perro en una estructura especial de la que no pudiese salir ni cambiar de posición. Delante de la cabeza del animal, a poca distancia, situó un lugar en el que se pondría la ración de alimento. Cuando Pávlov introducía la comida, lo hacía a través de una compuerta para saber el momento exacto en el que el perro detectaba la presencia de la ración, y aprovechaba ese instante para registrar el grado en el que el animal salivaba contando las gotas segregadas por cada unidad de tiempo. Después de varias sesiones, el investigador hacía sonar un metróno-

mo justo antes de entregarle el alimento al perro; en ese momento, el metrónomo era un estímulo neutro, es decir, que no provocaba ninguna respuesta. Ahora bien, después de repetir el experimento en varias ocasiones, el animal terminó asociando este sonido característico a la entrega de la comida, y salivaba nada más escucharlo, aunque no estuviese acompañado por el plato. El sonido del metrónomo se había convertido en un estímulo condicionado, y la salivación que provocaba recibió el nombre de «reflejo condicionado». De este modo, Pávlov consiguió adiestrar al perro para que reaccionase ante un sonido del mismo modo en que reaccionaba ante un estímulo ante el cual tenía una respuesta fisiológica natural no aprendida (reflejo incondicionado). Para desarrollar un reflejo condicionado sólo tenía que hacer que un estímulo neutro se solapase temporalmente con un reflejo incondicionado de manera repetida.

Este proceso por el cual un organismo aprende a asociar un estímulo neutro a una respuesta refleja que en condiciones nor-

males sólo se da de manera innata ante estímulos incondicionados, se llama condicionamiento clásico, y, aunque a primera vista
pueda parecer algo simple, se trató de un descubrimiento revolu-
cionario. Por un lado, ofrecía una base sobre la que construir ciertos procesos de aprendizaje en los que las respuestas reflejas
desempeñan un papel importante, como el tratamiento de fobias,
adicciones o parafilias problemáticas (sólo hay que partir de los
reflejos incondicionados y hacer que algunos estímulos neutros
queden asociados a ellos), y por otro, era un mecanismo basado
en el aprendizaje y en el que la herencia biológica personal no
parecía ser un factor limitante. Además, se podía conseguir mediante un proceso sistemático y bastante maquinal, fácil de controlar y basado en la repetición de ensayos (aunque años más
tarde se descubrió que pueden crearse reflejos condicionados
con un único ensayo, como en el caso del aprendizaje de aversión
al sabor). Esto resultaba esperanzador para muchos psicólogos
que aspiraban a descubrir métodos para ayudar a «moldear» el
comportamiento humano de manera beneficiosa y que por otro
lado querían asegurarse de que su disciplina se consolidase
como una ciencia basada en la medición de lo objetivo. Ésta es la
razón por la que el método experimental de Iván Pávlov y el condicionamiento clásico son el punto de partida de la psicología conductista, que utiliza la asociación como motor para potenciar formas de aprendizaje y modificar la conducta.

JOHN B. WATSON Y EL CASO DEL PEQUEÑO ALBERT

Pávlov asentó las bases de la psicología conductista, pero fue
el psicólogo estadounidense John Broadus Watson, otra de las fi-

guras clave del conductismo, quien popularizó el término en 1913 cuando pronunció su conferencia *Psychology as the Behaviorist Views It*, cuyo texto se considera el primer «manifiesto conductista». Pero Watson hizo mucho más que darle visibilidad a un término. Por un lado, fue muy crítico con la corriente dominante de la época, que ponía el acento en la consciencia y en la introspección, porque consideraba que sus aportaciones tenían un valor científico cuestionable; para él era importante desarrollar una psicología experimental que formase parte de las ciencias naturales, y para eso se tenía que dejar atrás el psicoanálisis. Consecuentemente con estas ideas, planteó de manera explícita que el objetivo de la psicología científica debía prescindir de explicaciones sobre estados mentales para centrarse en el control y en la predicción del comportamiento. Por otro lado, negó radicalmente el innatismo en todo aquello relacionado con las características psicológicas de los seres humanos. Creía que los bebés nacen como una *tabula rasa* (es decir, una pizarra en blanco) y que las diferencias en el comportamiento de las personas están causadas por las distintas experiencias que a cada uno le toca vivir, y llegó a asegurar que mediante técnicas de modificación de la conducta él mismo sería capaz de convertir a cualquier niño sano en el tipo de especialista o profesional que eligiera.

¿Y en qué debían basarse estas técnicas de modificación de la conducta? Pues en el condicionamiento clásico. Watson tomó el modelo pavloviano que se venía aplicando en animales y se propuso estudiarlo en humanos. Su intención era desarrollar técnicas que le permitieran condicionar y controlar las emociones de las personas asociándolas a los estímulos más variopintos.

Así que, en 1920, Watson y su asistente Rosalie Rayner publicaron uno de los estudios más famosos y criticados de la historia de la psicología. Ambos investigadores querían comprobar si era posible conseguir que un niño le temiese a un animal asociando la aparición de dicho animal a un estímulo desagradable. Para ello utilizaron una rata blanca y un bebé de once meses, conocido como el «pequeño Albert». El día en el que Albert pisó por primera vez el laboratorio de Watson, el pequeño no dio muestras de tenerle miedo a la rata blanca, pero cuando éste se acercaba para acariciarla, Watson golpeaba una barra metálica con un martillo para asustarlo. La rata era el Estímulo Neutro (EN), el golpeo con el martillo era el Estímulo Incondicionado (EI) y la respuesta de miedo por el sonido era la Respuesta Incondicionada (RI). Watson repitió el mismo procedimiento en varias ocasiones hasta que el pequeño Albert pasó a sentir miedo simplemente al ver la rata blanca. El animal se había convertido en el Estímulo Condicionado (EC) y la respuesta de miedo que la rata provocaba era la Respuesta Condicionada (RC). Watson había logrado aplicar el condicionamiento clásico en un humano, y no ya en una respuesta física, sino en una emoción.

En estudios posteriores, Watson observó que Albert no solamente se asustaba cuando veía una rata blanca, sino que generalizó su respuesta a otros estímulos y asociaba el golpe con el martillo a cualquier cosa blanca y peluda, como podía ser un conejo o una bola de algodón. Pero en ningún momento se cuestionó que pudiera haber falta de ética o mala praxis profesional en el experimento. De hecho, el pequeño Albert abandonó el hospital en el que se encontraba y Watson perdió el contacto con él, de manera que no pudo llevar a cabo la fase de descondicionamiento para enseñarle a dejar de tenerle miedo a los estímulos similares a una rata blanca.

Este experimento, que recibió muchas críticas, es totalmente contrario a la ética de la investigación científica actual. Sin embargo, en los tiempos de Watson lo que realmente le causó proble-

DATO CURIOSO

Después de realizar el experimento con el pequeño Albert, Watson dedicó parte de su tiempo a escribir textos acerca de cómo educar a los niños. En la línea de su manera de entender la psicología, proponía métodos educativos basados en el condicionamiento clásico y la modificación de la conducta. Recomendaba a los padres que criaran a los bebés de una manera muy sistemática y organizada siguiendo una sucesión de pasos a rajatabla y sin dejarse llevar por sus sentimientos de apego hacia los pequeños. Así, sin ser demasiado efusivos sentimentalmente con sus hijos contribuirían a formar el carácter de los pequeños. Los resultados fueron desastrosos, y hay motivos para pensar que la popularidad de sus propuestas produjo una gran cantidad de casos de crianza disfuncional. A pesar de ellos, sus teorías tuvieron una gran influencia hasta la década de los setenta.

mas no fue la experimentación con seres humanos sino los rumores de que mantenía una relación amorosa con su ayudante; rumores de infidelidad que le obligaron a renunciar a su cátedra en la universidad, momento a partir del cual se dedicó a la publicidad y a la escritura de libros sobre psicología.

EL PARTICULAR CONDUCTISMO DE SKINNER

El condicionamiento clásico puede utilizarse para modificar y predecir determinadas conductas de un individuo, pero no para entrenar a dicho individuo en la realización de tareas específicas, como por ejemplo aprender a tocar una serie de notas musicales o mover objetos. Este tipo de condicionamiento no profundiza en el aprendizaje de maneras concretas de interactuar con el entorno. El encargado de orientar el conductismo hacia este tipo de metas fue el investigador estadounidense Burrhus Frederick Skinner, que se propuso estudiar no ya las respuestas reflejas o emocionales ante un estímulo bien identificado, sino el modo en el que un individuo opera sobre su entorno de manera voluntaria. Skinner defendía la idea de que la conducta aprendida dependía más de las consecuencias que tenían esas acciones que de los estímulos previos o simultáneos a la acción. A fin de cuentas, fuera de un laboratorio no es demasiado frecuente que aparezcan estímulos condicionados con la frecuencia suficiente como para alterar nuestra conducta de forma duradera, pero sí que se nos presentan multitud de ocasiones en las que podemos comprobar qué conductas nos benefician y cuáles no.

Además, aunque popularmente el término «acto reflejo» se aplica sólo a los casos en los que reaccionamos ante un estímulo de manera predecible e invariable más allá de nuestra voluntad y por obra de un circuito nervioso que nos hace reaccionar de un modo concreto, B. F. Skinner definió el término «reflejo» como la relación entre un estímulo y una respuesta entendidos en un sentido amplio, lo cual hace que este concepto pueda ser aplicado en una gran variedad de casos. Como ni los estímulos ni las respuestas pueden entenderse independientemente unos de otros, el concepto de «reflejo» era la unidad analítica necesaria para poder realizar investigaciones sobre la conducta. Por lo que respecta a los actos voluntarios, para Skinner eran simplemente una cadena de conductas reflejas en las que no podemos identificar los estímulos que las están produciendo. Esta visión sobre la psicología puede parecer poco amable, pero era extremadamente útil a la hora de controlar y predecir la conducta hasta cierto punto.

EL CONDICIONAMIENTO OPERANTE

Así pues, Skinner aceptó el modelo de condicionamiento clásico que definió Pávlov y que más tarde desarrolló y popularizó Watson, pero pensó que este tipo de condicionamiento solamente servía para explicar una parte muy pequeña del comportamiento humano. Dejando atrás el modelo del condicionamiento clásico, que se centraba en describir el aprendizaje asociativo caracterizado por la transformación de un estímulo neutro en un estímulo condicionado que provoca una respuesta automática o involuntaria, Skinner propuso el principio del «condicionamiento operante». Éste ofrece una explicación acerca de las conductas que son activas y voluntarias, las cuales son llamadas «operantes» porque se realizan con un propósito y son ejercidas sobre el medio ambiente y sobre el resto de los individuos que hay en él. Cuando el individuo realiza estas conductas, recibe estímulos relacionados con lo que ha hecho. Si estas conductas voluntarias producen reacciones deseables (reforzadores), el individuo tenderá a repetir esa conducta. Por el contrario, si esa conducta ocasiona un acontecimiento desagradable, la conducta tenderá a no repetirse. Los reforzadores pueden ser de dos tipos: positivos y negativos. Los reforzadores positivos son estímulos que fortalecen una respuesta cuando aparecen, como por ejemplo el hecho de dar una comida con un sabor que guste. En cambio, los reforzadores negativos son estímulos que fortalecen una respuesta cuando se retiran, como por ejemplo el hecho de dejar de gritar y llorar si se compra un artículo en concreto (un recurso que conocen muy bien los niños pequeños). Como ves, ambos incrementan o fortalecen la conducta previa. Lo contrario de un reforzador es un estímulo aversivo (castigo), que tiene la cualidad de ser desagradable (doloroso, amenazante, etc.) para quien lo recibe. El efecto del es-

tímulo aversivo, además, es contrario al de los reforzadores, pues provoca el debilitamiento o la disminución de la probabilidad de la aparición de la conducta previa.

Para llevar a cabo sus experimentos, el psicólogo fabricó unos aparatos similares a cajas. Skinner utilizó estas estructuras para experimentar básicamente con ratas y palomas, a las que les presentaba refuerzos (positivos o negativos) o castigos en diferentes momentos para producir o inhibir los comportamientos específicos. En su primer trabajo con ratas, Skinner colocaba a los animales en su caja, y disponían de un dispensador, es decir, una palanca unida a un tubo de alimentación, y cada vez que el animal presionaba la palanca recibía comida. Tras múltiples ensayos, las ratas aprendían la asociación existente entre la palanca y la comida y empezaban a pasar más tiempo junto al dispensador de alimentos en vez de realizar cualquier otra acción. Como el resto de

DATO CURIOSO

Para probar su idea de que el condicionamiento operante era responsable de todas las acciones, Skinner llevó a cabo su famoso experimento de las «palomas supersticiosas». Alimentó a distintas palomas en intervalos continuos (cada 15 segundos) sin que ellas debieran realizar alguna acción concreta para recibir la comida (como podía ser tocar una palanca), y, tras observar su comportamiento, llegó a la conclusión de que las palomas repetían las acciones que habían estado haciendo momentos antes de recibir la comida en el dispensador. Skinner concluyó que las palomas habían creado una relación causal entre sus acciones y la presentación de la recompensa, debido a lo cual se comportaban de una forma muy peculiar, creando cada una de ellas un ritual similar a las conductas supersticiosas.

Pero también utilizó técnicas para modificar el comportamiento de los animales de un modo muy preciso. Por ejemplo, en otro de sus famosos experimentos consiguió que dos palomas jugasen a una especie de ping-pong primitivo. Lo hizo utilizando el condicionamiento operante en una serie de fases. De este modo consiguió que las aves hicieran algo parecido a iniciar una partida de ping-pong, para luego ir condicionándolas sobre ese patrón de conducta que habían aprendido y lograr así que se aprendieran todas las reglas del juego. A las palomas se las entrenó para arrojar la pelota a su oponente y sólo se les daba alimento cuando lograban ganar una jugada. De esta manera, reforzando poco a poco determinadas conductas y trabajando sobre el aprendizaje acumulado, Skinner consiguió que las palomas realizaran jugadas relativamente largas.

conductistas, Skinner trabajaba bajo la presuposición de que las conclusiones sobre el condicionamiento que se investigaban experimentando con animales también pueden ser utilizadas para explicar el comportamiento humano y el modo en el que se relaciona con el entorno.

EL PRECEDENTE DE THORNDIKE

Antes de que Skinner hablase sobre condicionamiento operante, otro psicólogo estadounidense llamado Edward Lee Thorndike había sentado precedentes sobre cómo la interacción con el ambiente puede modificar la conducta de manera predecible. A pesar de que se centró en el estudio de la inteligencia de los animales, Thorndike se convirtió en otro de los predecesores del conductismo. Para sus experimentos utilizó «cajas problema» con las que estudiaba el proceso de aprendizaje con el que los animales conseguían escapar de ellas. Los hallazgos que realizó con estas investigaciones le permitieron formular varias leyes fundamentales del conductismo, de las cuales la más importante es la «ley del efecto», que establece que la aparición de resultados satisfactorios asociados a conductas hacen que aumenten las posibilidades de que esa conducta se repita.

Thorndike encerraba a un gato hambriento dentro de su caja problema y colocaba comida fuera de ella. Para poder salir, el gato debía accionar una palanca o una anilla, y Thorndike registraba el tiempo que tardaba en activar el mecanismo adecuado y escapar. El gato, una vez dentro de la caja, comenzaba a explorar y a tocarlo todo, así que en algún momento terminaba accionando la palanca y la puerta se abría. A medida que se repetía el experimento, el gato tardaba menos en salir de la caja problema, pero el tiempo no se reducía drásticamente en comparación con el intento anterior. Tras observar el comportamiento de los felinos, Thorndike concluyó que inicialmente los gatos salían de la caja y obtenían la comida por «ensayo y error», que no razonaban, pero que, tras los distintos intentos, se producía una conexión entre la situación del animal y la consecuencia deseada. De este modo, las asociaciones útiles quedaban grabadas en el cerebro del animal, mientras que las que eran poco útiles se desechaban. Esto era muy relevante para Thorndike, ya que él entendía la inteligencia como la capacidad de formar conexiones.

LA CAJA NEGRA DE LOS CONDUCTISTAS

Los conductistas de la generación de John Watson tendían a menospreciar el papel de los procesos mentales como fuente de conocimiento válido para la psicología. Para ellos la mente era inaccesible y utilizaron la metáfora de la caja negra para designar todos aquellos procesos mentales (pensamientos, sentimientos, ideas, deseos...) no observables. Los conductistas veían la mente como una caja negra que se hallaba en medio de los inputs (estímulos) y los outputs (respuestas) pero que, al formar parte de la subjetividad del individuo, no podía ser considerada materia de estudio para la investigación científica.

Para Skinner, todo aquello que ocurre dentro de la «caja negra» también es conducta, de la misma naturaleza que la que es pública y observable, pero en este caso se trataría de una conducta privada.

A diferencia de los psicólogos conductistas que le precedieron, Skinner aportó una nueva visión del conductismo al defender que

los procesos mentales eran también conductas, al igual que cualquier acción basada en el movimiento de músculos. Por esta razón no negaba su importancia, algo que sí hizo, por ejemplo, John Watson. Para Skinner, la única diferencia entre un pensamiento o un sentimiento y, por ejemplo, el grado en el que se suda ante un estímulo determinado es que los primeros sólo pueden ser observados por el individuo, algo que en teoría no tiene mayor relevancia. Sin embargo, al igual que los primeros conductistas, en la práctica se centró en el estudio de variables fácilmente medibles, que en este caso equivale a las conductas que tienen una plasmación más allá del sistema nervioso. La explicación dada era que, como consideraba que los fenómenos mentales del estilo de los sentimientos o los pensamientos son formas de conducta como cualquier otra, no tienen por qué ser considerados como la causa de toda la conducta observable. Por muy internos y privados que sean, estos fenómenos psicológicos son, según Skinner, respuestas a estímulos externos, y no estímulos que generan respuestas.

FORMAS Y FIGURAS DE LA GESTALT

El legado de Skinner es tan importante en la historia de la psicología que Richard J. Herrnstein, uno de sus colegas de laboratorio, llegó a decir que fue el encargado de transformar la psicología en una ciencia. Además de realizar importantes aportaciones a la ciencia, más allá de ésta, su afán por ganarse la atención de los medios con los descubrimientos que realizaba lo llevaron a plantear propuestas que le granjearon fama de persona extravagante. Entre sus inventos más destacados se encuentra una máquina que ayudaba a estudiar dando mensajes positivos cada vez que se seleccionaba la respuesta correcta. Además, las conclusiones tanto de Skinner como de autores conductistas siguen vigentes en la actualidad, no sólo en el campo de la psicología, sino también en el de la educación.

Sin embargo, a finales de los años cincuenta y durante la década de los sesenta, la importancia de la corriente conductista empezó a decaer, porque se consideraba que era necesario estudiar los procesos mentales que hasta el momento habían sido considerados prácticamente imposibles de estudiar por los conductistas. Esta nueva concepción de lo que debía ser la psicología se fundamentaba en una corriente nacida a principios del siglo xx, la cual se propuso abordar de frente el estudio de los fenómenos internos y privados, y no tanto de las acciones observables directamente, desde una perspectiva que no tenía nada que ver con la del psicoanálisis. Se trata de la corriente de la Gestalt, nacida en Alemania alrededor de 1912.

Si los países de Europa central habían sido la cuna de la psicología experimental y el psicoanálisis, a principios del siglo xx esta región volvió a disputarle la hegemonía al continente americano. En esa época nació una nueva corriente de psicólogos que, en vez de preocuparse por el estudio de las relaciones entre estímulos y respuestas, se centraba en el estudio de la percepción y la organización perceptiva (es decir, el modo en el que la información sensorial llega a formar parte de los procesos mentales). Este enfoque surgido entre 1910 y 1915 se llamó psicología de la Gestalt, término que no tiene una traducción exacta al castellano pero que alude a las ideas de «forma», «figura», «patrón» y «totalidad».

Los gestaltistas sostenían dos ideas básicas que daban forma a su particular visión de lo que es la psicología. La primera suele resumirse con el lema «El todo es mayor que la suma de sus partes», lo cual significa que los fenómenos perceptivos son captados como una totalidad y no como un conjunto de subcomponentes organizados entre sí o una serie de sensaciones separadas (una postura totalmente opuesta a la de los psicólogos estructuralistas). La segunda es que esta percepción de un «todo» viene dada de forma inmediata y es fruto del papel activo de la mente, que busca coherencia y simplicidad en los significados de la información que le va llegando. Esto último significa que la mente no es un simple receptáculo de información que llega desde el exterior, sino un agente que da forma y sentido a los datos perceptivos sin que quede espacio para la ambigüedad. Max Wertheimer, fundador de esta corriente, utilizó una serie de experimentos basados en la percepción del movimiento aparente para apoyar estos principios, que consistían en encender y apagar bombillas situadas una al lado de otra para crear la ilusión de que había un punto de luz moviéndose. Éste es el llamado fenómeno phi, que explica, entre otras cosas, el funcionamiento del cine a partir de una rápida sucesión de fotogramas o la utilización de señales luminosas variables en rótulos de neón.

Otro de los más importantes representantes de la Gestalt, Wolfgang Köhler, defendía la hipótesis de que los seres humanos y al menos una parte del resto de los animales son capaces de llegar a comprender instantáneamente los problemas que se les plantean, resolviéndolos primero en su imaginación y luego aplicando la solución en el mundo real. Es decir, creía que ciertos organismos pueden crearse una imagen global de la situación y extraer conclusiones a partir de ésta, proceso que es conocido como *insight*. Por ejemplo, Köhler comprobó que los chimpancés podían construirse escaleras improvisadas o utilizar palos largos para alcanzar la comida a la que no llegaban, algo que difícilmente puede ser explicado como una muestra de aprendizaje por ensayo y error. En definitiva, Köhler sostenía la idea que definía a la Gestalt: que somos capaces de crear imágenes globales de lo que percibimos, y que estas figuras mentales tienen un valor que no debería existir si aquello que percibimos fuese la simple suma de los datos de lo que nos entra por los sentidos. En este sentido, su punto de vista se enfrentaba totalmente al de Thorndike, que tenía una opinión mucho menos amable sobre el nivel de inteligencia de los animales.

LAS LEYES GENERALES DE LA GESTALT

Aunque los gestaltistas acostumbraban a basar sus experimentos y sus ejemplos en fenómenos visuales, creían que todos los sentidos funcionan mediante la lógica plasmada en las leyes de la Gestalt. Por ejemplo, cuando escuchamos una melodía la reconocemos como un todo, en vez de como una secuencia de notas que van llegando a nuestros oídos de manera separada.

ALGUNAS LEYES GESTALT

Las leyes generales de la Gestalt más importantes son la «ley de la figura-fondo», un principio organizativo que afirma que no es posible la existencia de una figura (donde centramos la atención) sin un fondo (zonas circundantes a la figura que quedan en segundo plano); y la «ley de la buena forma» o «de la pregnancia», que describe que la percepción se organiza de manera que las figuras aparezcan lo más simples, regulares y simétricas posibles, por lo que las buenas formas son percibidas con mayor rapidez y exactitud. Además de éstas, los teóricos de la Psicología de la Gestalt formularon distintas leyes particulares, como por ejemplo, la ley de la proximidad, según la cual las figuras más cercanas tienden a percibirse como un todo; la ley de la similitud, que señala nuestra propensión a agrupar en conjuntos las figuras más parecidas entre ellas; la ley de la continuidad, según la cual los elementos que están dispuestos siguiendo una direccionalidad más o menos clara se perciben como un todo, aunque haya separaciones entre ellos; la ley del cierre, que hace referencia a que una forma se percibe mejor cuanto más cerrado está el contorno, o la ley de la compleción, según la cual tendemos a cerrar con la imaginación aquellas formas cuyo contorno está abierto por algunos puntos. Los gestaltistas sostenían que la percepción se organizaba siguiendo varios principios primarios, es decir, que estas leyes no dependían ni del significado de los objetos, ni de las experiencias pasadas.

ESTUDIANDO LA CAJA NEGRA: LA PSICOLOGÍA COGNITIVA

Si bien los gestaltistas creían que todos los procesos mentales presentaban la característica de hacer alusión a una totalidad más que a un conjunto de piezas, a la hora de buscar apoyo empírico tendían a darle mucha importancia a los experimentos basados en la percepción de estímulos concretos. Fue algo más tarde, a finales de los años cincuenta, cuando la psicología se adaptó para emitir teorías e hipótesis más relacionadas con los procesos cognitivos en sí, es decir, el procesamiento de todo tipo de información tiende a utilizarse para generar más información, solucionar problemas y tomar decisiones. Esta nueva concepción de la psicología, liderada en un principio por George Miller y Jerome Bruner, apareció como una reacción al conductismo de Skinner, y, de hecho, es frecuente llamar «revolución cognitiva» al cambio de paradigma iniciado por esta generación de psicólogos, término con unas connotaciones épicas bastante evidentes. No es para menos, ya que aunque los gestaltistas llevaban existiendo desde hacía años, este nuevo movimiento se proponía ir mucho más allá del estudio de actos perceptivos, y se especializó en estudiar la memoria, la atención y los aspectos mentales del aprendizaje, entre otras cosas, para arrebatarle la hegemonía al conductismo, por lo menos en los círculos más científicos.

En definitiva, los impulsores de esta revolución defendían un cambio de paradigma hacia el estudio de «la caja negra», y sostenían que la psicología debía abordar la difícil (pero no imposible) misión de buscar bases empíricas que explicasen cómo funciona la cognición, entendida como el conjunto de procesos a través de los cuales la información que proviene de los sentidos y de las experiencias previas se transforma y se almacena para solucionar problemas. Había nacido la psicología cognitiva, totalmente volcada en el estudio de lo que ocurre dentro de «la caja negra» (al contrario de lo que hacía la corriente conductista, ya en crisis por esa época) y sirviéndose de metodologías basadas en la confirmación o refutación de hipótesis, normalmente a través de la estadística (al contrario de lo que hacían los psicodinámicos).

La pregunta que se planteaba era cómo estudiar procesos mentales para generar conocimiento científicamente. Pregunta con enjundia, y más si tenemos en cuenta que la psicología cognitiva rechazó la posibilidad de fundamentar sus investigaciones en el uso de la introspección para registrar estados mentales, algo que se venía haciendo desde el siglo xix. En vez de eso, se inspiró en la metodología que seguían los conductistas, quienes registraban como variables objetivas los estímulos y las respuestas. Los cognitivistas empezaron a hacer lo mismo, sólo que colocando en el centro de sus hipótesis los procesos mentales que creían que podían estar ocurriendo. Siguiendo esta metodología, se hipotetiza que cierto tipo de variable influye en los procesos mentales haciendo que éstos presenten una característica concreta, y observando el tipo de respuesta que se da, se comprueba si se cumplen las predicciones. La idea en la que se basa este estilo de investigación es que diferentes cogniciones producirán distintos resultados. Así, a partir de una serie de investigaciones que estudian fenómenos similares abordándolos desde diferentes flancos y en distintos contextos, se puede llegar a generar teorías sobre cómo funciona la mente.

Otro factor que ha facilitado el estudio de los procesos cognitivos es el hecho de que esta nueva generación de investigadores empezó a usar la metáfora del cerebro-ordenador o, mejor dicho, el modelo informático de los procesos mentales. Como la psicología cognitiva se centraba en el estudio de los flujos de información que dan forma a los procesos mentales, se basaron en el funcionamiento de los ordenadores para crear hipótesis y teorías, ya que estas máquinas se encargan básicamente de gestionar y procesar información. Eso hizo que se empezase a pensar en puertos de entrada y de salida de información, almacenes de datos (memoria), unidades de transformación de información, etc.

Además, a diferencia de lo que defendía la psicología conductista, los partidarios de la psicología cognitiva creían que el modo en el que la mente organiza los estímulos en jerarquías y categorías tiene un papel muy importante a la hora de explicar el comportamiento de los seres humanos. Esto hizo que una buena parte de esta nueva corriente se dedicase al estudio de los esquemas cognitivos, que son algo así como cuadros de pensamiento creados a partir de experiencias previas y en los que se acomoda la nueva información que va llegando en tiempo real. Los esquemas cognitivos tienen mucho que ver con las creencias y la ideología de las personas, con su manera de entender la realidad. La psicología cognitiva, por lo tanto, se preocupa por recopilar información que permita describir y entender el funcionamiento de estos esquemas.

¿QUÉ QUEDA HOY EN DÍA DE TODAS ESTAS CORRIENTES DE LA PSICOLOGÍA?

Teniendo en cuenta que todas las corrientes de la psicología se han ido transformando a lo largo del tiempo y que la influencia que han ejercido unas sobre otras ha sido constante, puede ser difícil establecer las distintas categorizaciones sobre los enfoques y escuelas que están vigentes hoy en la psicología. Sin embargo, desde una perspectiva histórica merece la pena señalar, por ejemplo, que la psicología Gestalt puede entenderse como un precedente de la psicología cognitiva y que ha quedado absorbida por ésta. Si ambas forman o no una sola corriente de psicología, sin embargo, es algo totalmente abierto a debate. Por otro lado, las influencias de la corriente gestaltista han dejado una huella importante tanto en el inicio de la psicología social por parte de un psicólogo llamado Kurt Lewin, como en la aparición de la llamada terapia Gestalt, tal y como veremos más adelante.

En cuanto al conductismo, el hecho de que en la práctica sus planteamientos hayan perdido mucha fuerza hace que frecuentemente se crea que ya sólo queda un rastro de esta corriente; concretamente, unos restos que forman parte de la psicología cognitiva, que en la práctica ha «completado» las propuestas del behaviorismo americano. Sin embargo, lo cierto es que el conductismo sigue existiendo a día de hoy y además tiene entidad propia, aunque ya no es una corriente hegemónica. Por otro lado, el conductismo entendido como filosofía científica nunca fue refutado por los cognitivistas, y siguen existiendo psicólogos que se consideran descendientes directos de la ciencia inaugurada por Skinner.

Además, en lo que respecta a las terapias, algunas de estas corrientes han llegado a mezclarse entre sí, como en el caso de las terapias cognitivo-conductuales impulsadas inicialmente por Aaron Beck y Albert Ellis, o la terapia Gestalt de Fritz Perls y Laura Perls, que mezcla elementos de la Gestalt con la corriente de pensamiento asociado a la filosofía humanista.

Por lo que respecta al psicoanálisis y las distintas escuelas psicodinámicas, han perdido gran parte de su influencia, y sólo se mantienen con cierto vigor en Francia y, especialmente, en Argentina. En la psicología hegemónica actual se considera que Freud es una figura con valor histórico para la disciplina, pero cuyas ideas ya no sirven. El hecho de que no se pueda demostrar la eficacia de las propuestas surgidas de los enfoques psicodinámicos y que hayan surgido formas de psicoterapia más breves y económicas ha perjudicado enormemente a esta corriente, pero, a la vez, el psicoanálisis ha dejado marcas permanentes en el arte, la filosofía y las humanidades en general, así como en la iconografía relacionada con el mundo de lo psicológico, como demuestra el hecho de asociar las sesiones de terapia con un diván sobre el que el paciente habla bajo la atenta mirada del terapeuta.

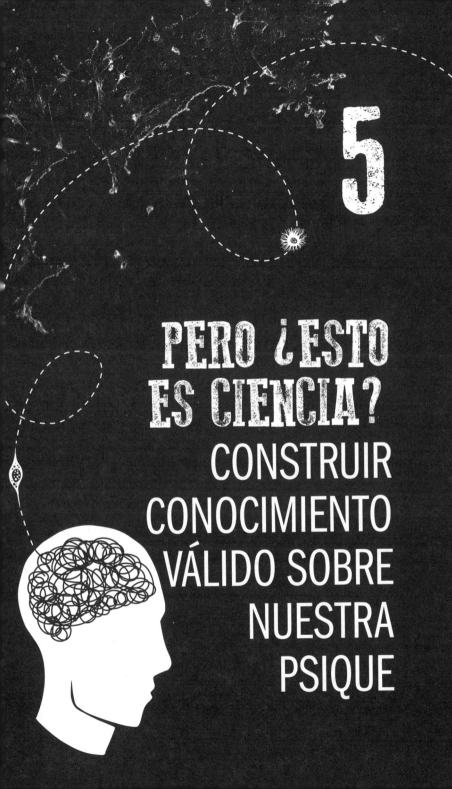

5

PERO ¿ESTO ES CIENCIA?

CONSTRUIR CONOCIMIENTO VÁLIDO SOBRE NUESTRA PSIQUE

Una vez hecho el repaso a los fundamentos históricos de esta disciplina, es el momento de plantearse si realmente la psicología sirve para algo. O, dicho con otras palabras, si nos podemos fiar de la psicología. Éste es un tema que suele aparecer en el debate creado acerca de si la psicología es una ciencia o no y si los descubrimientos que se le atribuyen son avances de verdad que nos permitan beneficiarnos de nuevos conocimientos sobre nosotros mismos y las sociedades en las que vivimos. Asimismo, en muchas ocasiones este debate puede convertirse en una cuestión personal: resulta razonable entender que a los profesionales del mundo de la psicología les reconforta pensar que trabajan en el ámbito científico, mientras que las personas relacionadas con las ciencias puras pueden llegar a pensar que el prestigio del que gozan puede quedar en entredicho si otras disciplinas con descubrimientos más inexactos se incorporan a sus círculos. Éste es uno de los motivos que ha dado paso al llamado problema de demarcación, que es el debate filosófico que se plantea cuáles son los límites de la ciencia y del conocimiento bien sustentado. En este capítulo exploraremos esta cuestión.

LA EPISTEMOLOGÍA TIENE LA CLAVE

Como ya comentamos anteriormente, la adopción del método científico por buena parte de la psicología no ha conseguido consolidar una visión unificada de lo que debe ser esta disciplina. Sin embargo, hay algo en lo que probablemente todas las personas que se han dedicado a la psicología están de acuerdo, aunque partan desde enfoques irreconciliables: generar conocimiento sobre aquello que estudian, ya sea algo objetivo o subjetivo, no es nada fácil. Y esto es así, entre otras cosas, porque a la hora de investigar temas relacionados con la psicología es extremadamente complicado saber por dónde empezar. La psicología tiene que preocuparse en fundamentar sus explicaciones acerca de los temas que estudia, y esto no es tarea sencilla, por supuesto. No es un trabajo previsible y maquinal porque no existe manual de instrucciones. Es más, tenemos que redactarlo nosotros y decidir qué criterios utilizar para organizarlo y darle contenido para saber si una disciplina en concreto va por el buen camino a la hora de utilizar ciertos enfoques y metodologías y también para determinar qué es lo que esta disciplina tiene que estudiar y con qué tipo de conceptos tiene que trabajar.

Ésta es la razón por la que la psicología no sólo se relaciona con la filosofía por el hecho de heredar de ella ciertas preguntas fundamentales sobre nuestra mente, nuestra naturaleza y el modo en el que construimos nuestro conocimiento sobre lo que nos rodea. La psicología también se relaciona con la filosofía porque, como cualquier ciencia natural o social, necesita constantemente un fundamento para justificar la validez del conocimiento que genera. Y ese fundamento no se encuentra en el propio método que se usa ni en el contenido de lo que se estudia, sino que surge de un posicionamiento filosófico. Dicho de otro modo, la psicología puede aportar datos sobre ciertas cosas, pero para poder interpretarlos deben ser sometidos a un debate acerca de cuál es su naturaleza, qué significan y hasta qué punto los métodos que hemos usado para obtenerlos responden a las preguntas planteadas. Los psicólogos necesitan que sus planteamientos y

DATO CURIOSO

Hoy en día abundan las teorías y las terapias que, aunque se asocian con la psicología, ni son fruto de investigaciones sistemáticas sobre un tema ni pueden ser contrastadas empíricamente. Es el caso, por ejemplo, de las constelaciones familiares, cuyo sustento teórico es una mezcla de religión y opiniones personales que no guardan relación con nada que se pueda demostrar empíricamente. Por ejemplo, una de las ideas en las que se basan las constelaciones familiares es que nuestros problemas pueden ser consecuencia de enfermedades y traumas sufridos por nuestros ancestros, aunque no sepamos nada de ellos. La idea de estas propuestas pseudocientíficas no es tanto que no funcionen sino que ni siquiera se puede establecer para qué sirven, ya que su eficacia no puede demostrarse de manera objetiva. Su problema es, por lo tanto, de tipo epistemológico.

sus modos de orientar las investigaciones estén justificados filosóficamente, les hace falta una búsqueda de los fundamentos para que el conocimiento que generan esté bien sustentado. Y de eso se ocupa la epistemología, que es la rama de la filosofía que se encarga de estudiar la validez de los fundamentos y métodos del conocimiento científico. Esto implica que a través de la epistemología justificamos las distintas explicaciones sobre la realidad y diferenciamos entre el conocimiento bien asentado y las ideas absurdas o las simples opiniones. Por mucho que se encumbre «la ciencia» como una autoridad absoluta sobre casi todos los temas, lo cierto es que tanto la interpretación de los datos que proporciona como las presuposiciones sobre las que se llevan a cabo las líneas de investigación son temas que no se fundamentan en la ciencia en sí, sino en la filosofía epistemológica. En el caso de la psicología ocurre lo mismo; tiene que estar sujeta a un constante debate de tipo filosófico para conocer el alcance y la validez de las conclusiones a las que llegan sus estudios. Este debate continuo es de naturaleza epistemológica.

En definitiva, la filosofía es, además de la madre de todas las ciencias, un conjunto de estudios que podría seguir existiendo aunque desapareciese la ciencia tal y como la conocemos hoy en día. Sin embargo, más allá de esta aparente brecha que separa entre sí ciencia y filosofía, esta última es y siempre será la encargada de definir cómo tiene que ser la ciencia, a qué objetivos debe apuntar y bajo qué premisas son válidos sus descubrimientos. Y esta «guía» para la ciencia la proporciona la epistemología.

ENTENDIENDO LA PSICOLOGÍA COMO UNA CIENCIA: POSITIVISMO Y POSPOSITIVISMO

Aunque en el segundo capítulo ya vimos las preguntas desde las que parte la psicología, queda por contestar una más, esta vez relacionada con ella misma: ¿qué tipo de ciencia es la psicología? O, incluso, podemos ir más allá y preguntarnos: ¿es la psicología una ciencia? Para responder a esta pregunta debemos tener en cuenta que la definición actual de ciencia está muy influenciada por dos paradigmas epistemológicos llamados positivismo y pospositivismo.

El positivismo es una teoría filosófica desarrollada a principios del siglo xix por los pensadores John Stuart Mill, Saint-Simon y, especialmente, por el sociólogo francés Auguste Comte. Según el positivismo, el conocimiento verdadero es el que puede ser extraído científicamente. Esto, para Comte, significaba que para conocer la realidad debemos limitarnos a analizar las conexiones entre hechos observables y sus efectos igualmente observables y medibles para, a partir de estos datos, descubrir leyes universales que sirvan para explicar y predecir las cosas que ocurren. El positivismo pretende desechar las ideas oscurantistas, el misticismo y la metafísica, y subraya la importancia de que la ciencia descomponga todo aquello que quiere estudiar en partes muy concretas para, a partir de sucesivas comprobaciones basadas en lo que ocurre materialmente en la realidad, poder ir creando teorías y leyes científicas que nos hablen sobre cómo funciona el mundo y que, además, nos permita predecir cómo seguirá funcionando en el futuro. Entre las cosas que se podrían llegar a predecir si nos mantenemos fieles a los principios del positivismo se encuentra, según Comte, el funcionamiento de nuestra sociedad en cada momento de la historia.

Siguiendo las premisas del positivismo, a la hora de estudiar si una persona es tímida o no, por ejemplo, nos centraremos en tomar nota del tiempo que dedica a mirar a los ojos a otras personas durante una conversación y las veces que inicia una interacción con alguien desconocido y mediremos el volumen de su voz cuando hable con alguien, en vez de simplemente observar a esa persona y reflexionar sobre la impresión general que nos ha dado. De esta manera contamos con criterios objetivos para extraer datos sobre esa persona y compararlos con los datos que tenemos de los demás para, a partir de ahí, saber en qué medida ese individuo es más tímido de lo normal. La psicología heredera del positivismo de Comte, pues, tiende a ser reduccionista, es decir, se centra en el estudio de hechos simples para construir teorías más complejas a partir de los datos que obtiene de esta forma, y, con tal de crear conocimiento a partir de comprobaciones minuciosas, avanza lentamente acumulando piezas de información que pueden parecer poco importantes o incluso banales, especialmente si se cree que la psicología debería aspirar a buscar verdades trascendentales en cada una de sus líneas de investigación. Por supuesto, las corrientes psicológicas más fieles al positivismo parten de una filosofía materialista, al hacer que sus análisis traten más sobre elementos y procesos objetivos y observables que sobre ideas relativamente abstractas y difíciles de plasmar en varias comprobaciones.

EL FALSACIONISMO DE POPPER

En el siglo xx, sin embargo, llegó Karl Popper, un filósofo de origen vienés que, si bien defendía, al igual que Comte, la existencia de una realidad material y objetiva, no era tan optimista acerca de nuestras posibilidades de llegar a conocerla. Este epistemólogo creía que una serie de observaciones no sirven para obtener una teoría fiable, ya que no hay nada en la información que obtenemos que nos garantice que la conclusión a la que hemos llegado vaya a ser válida siempre. Por ejemplo, podemos comprobar muchas veces que las personas diagnosticadas con depresión severa obtienen una baja puntuación en un test de autoestima, pero eso no nos garantiza que nunca nos vayamos a encontrar a alguien que no cumpla esta regla. Por eso, para Karl Popper crear conocimiento con aval empírico no consiste en comprobar que queda validado muchas veces por la propia experiencia, sino en ponerlo a prueba intentando encontrar casos en los que no se cumpla; por eso sostuvo que la diferencia entre las teorías científicas y las no científicas es que las segundas no pueden ser refutadas a través de la experiencia porque son demasiado generales y ambiguas y, pase lo que pase, parecen confirmarse siempre, mientras que las primeras se pueden falsar. Así pues, la ciencia debe abrazar el principio epistemológico de la falsabilidad para generar conocimiento fundamentado, y este sólo será válido de manera relativa, mientras no se demuestre lo contrario.

De este modo, Karl Popper defendió la corriente filosófica del falsacionismo, que defiende el principio de la falsabilidad. El falsacionismo fue además una herramienta que Popper utilizó para cuestionar la validez de las teorías y enunciados en los que se apoyan las religiones y el psicoanálisis, ya que para este filósofo no pueden ser desmentidas no porque no sean verdaderas, sino por sus planteamientos y el modo en el que se fundamentan en conceptos ambiguos (y, en el caso de las religiones, incluso hay normas que previenen contra el cuestionamiento de ciertos dogmas).

De hecho, la mayor de las críticas al psicoanálisis en su globalidad viene de la filosofía de la ciencia de Karl Popper, que en los años treinta cargó contra la ambigüedad de las explicaciones propias de la corriente iniciada por Freud. Popper sostenía que el psicoanálisis está planteado de tal forma que todos los hechos que ocurren confirman siempre la teoría, ya que ésta es tan flexible que es capaz de explicarlo todo. El hecho de que fuese prácticamente imposible que la experiencia contradijera las teorías del psicoanálisis significaba para este filósofo que ésta no podía considerarse una ciencia, porque se encontraba en una vía muerta del desarrollo intelectual. Ésta es una crítica que sigue teniéndose muy presente hoy en día en los círculos científicos, y es por eso por lo que el psicoanálisis es duramente criticado; no exactamente porque sus propuestas de intervención psicológica no sean eficaces, sino porque no se puede demostrar si funcionan o no, ni si en los casos en los que muestra cierto tipo de eficacia ésta se debe a que la teoría es correcta.

Los sacerdotes y los psicoanalistas, decía Popper, hacen que su empeño por explicarlo todo dé paso a un conjunto de teorías

DATO CURIOSO

El falsacionismo de Popper se trató de un esfuerzo intelectual por combatir el «efecto gurú» de los oradores que formulan explicaciones tan abstractas sobre los hechos que no se pueden refutar. Sin embargo, el fenómeno psicológico llamado efecto Forer constata hasta qué punto somos capaces de dar por válido este tipo de palabrería. En 1948, el psicólogo estadounidense Bertram R. Forer reunió a un grupo de estudiantes para que cada uno completase un test de personalidad y luego puntuase del 0 al 5 la exactitud con la que esta herramienta describía su manera de ser. El promedio de la puntuación que se le dio al test de personalidad fue de un 4,2 sobre 5, una cifra nada desdeñable. La cuestión es que los estudiantes no sabían que a todos ellos se les había dado la misma descripción de su personalidad formada por la combinación de varios textos extraídos de diferentes horóscopos. Desde entonces, el efecto Forer se usa para indicar cierta propensión a dar por válidas descripciones de la personalidad que parecen hechas a medida pero que son tan poco precisas que podrían ser aplicadas a cualquiera.

que en la práctica no explican nada. Los casos en los que una comunidad de personas dedica su vida a sacrificarse por los demás son ejemplos en los que la creación de Dios revela su perfección, mientras que las conductas aberrantes son interpretadas como consecuencia de la libertad que Dios nos deja para pecar. Del mismo modo, un discípulo de Freud puede achacar cualquier tipo de comportamiento a las fuerzas psíquicas que operan en el inconsciente de una persona sin que exista el riesgo de que lo que observa sirva para desmentir las teorías en las que se basa la terapia que ofrece.

Pero las ideas de Popper no sólo comprometieron seriamente el psicoanálisis y las religiones, también supusieron un ataque a los cimientos del positivismo lógico heredero del paradigma positivista de Comte, ya que según el modelo epistemológico popperiano el método inductivo construido a partir de la repetición de observaciones no forma parte de la lógica: aquello que ayer era verdad, mañana puede ser refutado. Popper entiende el conocimiento científico como algo en constante desarrollo, no exacto y que debe ser reformulado para adaptarse a los nuevos hallazgos que desafían ideas anteriores. Tanto el positivismo lógico como el pospositivismo, en la práctica, hacen hincapié en la idea de que la ciencia debe descomponer teorías en hipótesis muy concretas que pueden servir para predecir hechos concretos, aunque mientras que los herederos directos del paradigma positivista creían que era posible explicar la realidad en su totalidad, el pospositivismo señala que sólo podemos llegar a explicar y predecir ésta de una manera aproximada. Por eso, según Popper, el conocimiento es generado de manera científica mientras sea razonablemente útil y se base en premisas que puedan ser refutadas a través de la observación de los hechos.

DISTINTOS MÉTODOS UTILIZADOS EN PSICOLOGÍA

Gran parte de la psicología actual toma el relevo de estas dos teorías filosóficas, lo cual significa que para extraer conclusiones acerca de nuestros actos y nuestros procesos mentales se intenta que las teorías estén basadas en mediciones. Las teorías sirven para formular hipótesis que pueden ser confirmadas o falsadas mediante mediciones, y aunque el conocimiento generado de este modo no tiene por qué ser totalmente verdadero, sí resulta razonablemente consistente y útil. Esto significa que las teorías psicológicas nunca se pueden demostrar lo suficientemente como para convertirse en verdades absolutas y universales, sino que expresan un grado de probabilidad de que algo ocurra. Por esta razón, la estadística es tan importante en psicología.

En tanto que disciplina que se sirve del método científico, la psicología trata de poner a prueba hipótesis que sirvan para predecir aspectos de nuestra conducta y nuestros procesos mentales, y lo hace usando el lenguaje de los números. De este modo se mide la frecuencia con la que las personas rellenan ciertas opciones de los test de personalidad, las veces que ocurre cierta conducta en el grupo de personas a las que se les hace creer una idea, etc. Ésta es la base del método cuantitativo, que permite establecer gradaciones, porcentajes y umbrales gracias a los cuales se puede ver si los valores obtenidos para cada opción se corresponden con lo que sería esperable si una hipótesis fuese cierta. Los números no mienten, y ofrecen una base para refutar o reforzar ciertas ideas acerca de cómo actuamos, pensamos y sentimos.

También se utilizan técnicas de investigación cualitativas, como las entrevistas que carecen de un guion rígido y que le dan libertad a la persona estudiada para que se exprese como quiera, sin tener que ceñir sus opiniones y las ideas que quiere transmitir a opciones de respuesta que ha decidido previamente un equipo de investigadores. Sin embargo, en muchos casos la información recogida a través de métodos cualitativos es transformada en números (mediante el uso de tablas de frecuencia en las que constan las veces que se dan diferentes tipos de comportamientos o de frases), lo cual permite que se trabaje estadísticamente con los datos obtenidos. Pero, más allá de la distinción entre métodos cuantitativos y cualitativos, también podemos distinguir entre el método experimental, el correlacional y el descriptivo.

El método correlacional consiste en analizar el modo en el que

dos o más variables (es decir, características o hechos que queremos estudiar) se relacionan entre sí. Por ejemplo, se puede estudiar si hay una correlación positiva entre el nivel de agresividad de
los miembros de una población y su nivel de ingresos, lo cual
significaría que las personas con mayor nivel de ingresos son más
agresivas, o si hay una correlación negativa entre el grado de in-
troversión y el número de interacciones sociales que se tienen a
lo largo de un día, lo cual significaría que las personas más intro-
vertidas suelen tener un menor promedio de interacciones diarias
que el resto de las personas. Por supuesto, también cabe la posibilidad de que las variables no se relacionen entre ellas siguiendo
un patrón claro, en cuyo caso hablamos de correlaciones nulas.
Los estudios basados en el método correlacional son muy útiles,
pero no nos dicen nada acerca de la relación causa-efecto entre
dos variables. Por ejemplo, gracias a ellos podemos saber que las
personas que votan a cierto partido tienden a ser más religiosas
que el resto, pero no sabemos si votan a ese partido porque éste
responde a los intereses de sus organizaciones religiosas o si se
han ido haciendo más conservadoras a medida que consumían
medios de comunicación afines a ese partido.

El método descriptivo se basa en realizar informes en los que
siguiendo ciertos criterios se realiza una descripción de características o hechos que interesa estudiar, sin pretender necesariamente explorar las correlaciones entre variables. Ejemplos de
métodos descriptivos pueden ser un estudio de caso en el que
personal médico informe detalladamente de las alteraciones cognitivas de un paciente con una lesión cerebral o una observación
realizada sobre el mismo terreno en el que ocurre una dinámica
de interacciones que se quiere estudiar, tal y como hace el investigador que entra en un aula de colegio para ver cómo se desarrolla la dinámica educativa de una clase. Este método sirve para

obtener información sobre detalles que nos interesan acerca de una persona o grupos de personas, pero no permiten ni llegar a conclusiones sobre otros sujetos que no han sido estudiados.

Por su parte, el método experimental consiste en realizar observaciones controladas para estudiar relaciones de causa-efecto entre variables. Para conseguirlo, se manipula una variable que recibe el nombre de variable independiente para ver el efecto que esto tiene sobre otra variable, la llamada variable dependiente. Si el experimento está bien diseñado y se desarrolla correctamente, los resultados obtenidos pueden servir para hacer predicciones; por ejemplo, nos permitiría decir que cierto tipo de terapia psicológica resultará eficaz a la hora de tratar casos de depresión, porque las personas sobre las que se interviene con esa terapia mejoran más que aquellas que siguen otras formas de tratamiento y que aquellas que no son tratadas.

A la hora de seguir estos métodos pueden utilizarse distintas herramientas para recopilar datos: desde encuestas hasta test de personalidad, pasando por programas informáticos especialmente diseñados para recopilar datos en tiempo real sobre lo que sucede en los experimentos. A su vez, las tres metodologías tienen su utilidad, pero el método experimental es especialmente interesante para aquellos casos en los que el objetivo sea detectar tendencias más o menos universales y relativamente independientes de los contextos culturales o históricos. Los métodos descriptivos, por su parte, están más indicados para los casos en los que se quiera estudiar únicamente a una persona o a un colectivo de personas concretas e insustituibles, como por ejemplo una pequeña tribu que vive aislada o la población de un municipio. Por supuesto, y dejando al margen que el coste económico sea mucho mayor, todas las metodologías se pueden combinar para conocer mejor aquello que se está estudiando.

LA PSICOLOGÍA: ¿CIENCIA O PSEUDOCIENCIA?

Aunque se sirva del método científico, el objeto de estudio de la psicología no se parece a aquello que investigan, por ejemplo, la física, la biología o la química. Dentro de estas disciplinas pueden establecerse leyes científicas que permiten predecir con una altísima probabilidad de acierto lo que va a ocurrir con cuerpos en movimiento, átomos y moléculas, y, por lo tanto, un solo descubrimiento en ellas puede hacer que todo un sistema de ideas cambie. Esto es así porque, en estas ciencias, saber el valor de unos pocos factores permite que se reduzca una gran parte de la incertidumbre acerca de lo que va a ocurrir, mientras que en el comportamiento y los procesos mentales de las personas están interviniendo una cantidad prácticamente infinita de variables. La psicología, pues, puede aspirar a encontrar ciertas tendencias que sirvan para predecir aspectos sobre nosotros, pero incluso estos patrones generales que se observan dependen de las circunstancias concretas que están presentes en el momento de recopilar los datos para la investigación, porque las condiciones en las que se encuentran las personas cambian con el tiempo y nunca llegan a ser exactamente iguales que cuando éstas son puestas bajo observación. Por todo ello, la psicología puede ser considerada, pues, como una ciencia inexacta basada en el uso de estimaciones probabilísticas, y con una vertiente que se adentra en el terreno de las ciencias sociales.

Aquello que nos define como humanos es responsable, también, de que el modo en el que nos comportamos no pueda ser enteramente comprendido a través de las ciencias naturales. Un átomo de helio siempre es un átomo de helio, pero los seres humanos estamos cambiando constantemente, al igual que cambia el entorno en el que vivimos y las ideas y sensaciones que pasan por nuestra mente. Los estados en los que nos encontramos nunca son reversibles; todo lo que vivimos nos afecta y nos modifica, y por eso nunca podremos ser hoy la misma persona que ayer. Eso explica que ciertas tendencias en nuestro comportamiento puedan existir en el momento actual, pero quizá desaparezcan dentro de unos años. La psicología llega a conclusiones que, aunque en muchos casos se basan en el estudio de temas abordables desde la biología, están relacionadas con nuestra historia vital, mientras que las ciencias puramente naturales tienen objetos de estudio que no varían (o que lo hacen de manera controlada, como el paso del estado líquido al gaseoso). Entender que la psicología forma parte del mundo científico significa asumir que dentro de la definición de ciencia pueden darse estas limitaciones.

En definitiva, si bien hay ciertas escuelas de psicología que tienen que ver más con la filosofía que con el uso del método científico para generar conocimiento, existe una importante vertiente de la psicología que se preocupa por ceñirse a los principios que guían la ciencia tal y como la entendemos hoy, y que utiliza la estadística para buscar regularidades en nuestra manera de actuar, pensar y sentir. Muchas personas utilizan el término «psicología científica» para referirse a estas comunidades de psicólogos, pero otras prefieren hablar simplemente de psicología, lo cual implica que esta disciplina únicamente puede existir como ciencia, y que aquellas corrientes o escuelas que no pretendan contrastar empíricamente sus teorías sólo pueden ser calificadas como pseudociencia. Este tipo de controversias quizá no ayuden a encontrar la definición exacta de la psicología, pero al fin y al cabo es un debate que merece la pena tener. ¡De eso depende el rol de los psicólogos!

6

NEURONAS, CEREBRO Y SISTEMA NERVIOSO

¿CÓMO FUNCIONA LA MAQUINARIA DE NUESTRA MENTE?

Imaginemos que existiese la posibilidad de que una persona decidiera someterse a una complicada cirugía para intercambiar su cerebro con el de otra persona. En el hipotético caso de que fuese posible, una vez realizada esa operación y despertasen de la anestesia, ¿dónde estarían estas dos personas? ¿Seguirían tendidas en las camillas en las que estaban antes de la operación o habrían intercambiado sus posiciones sin necesidad de mover ni un solo músculo?

Lo más probable es que se dé por buena la última opción, es decir, que cada uno de estos individuos se identifica con el cuerpo que acoge el cerebro con el que nacieron. A fin de cuentas, la idea del «yo» está fuertemente vinculada a los órganos gracias a los cuales sentimos, pensamos, somos conscientes de lo que ocurre e, incluso, somos capaces de tener la propia idea del «yo». Y estas partes del cuerpo se encuentran, básicamente, en el cerebro o encéfalo.

Si aceptamos el hecho de que la conducta humana no tiene nada que ver con entidades sobrenaturales que influyen sobre los cuerpos de las personas, tendremos que llegar a la conclusión de que todo lo que ocurre en el cuerpo (sentimientos, acciones voluntarias e involuntarias, etc.) se debe justamente a procesos que son identificables en el propio cuerpo, y a nada más. Eso significa que la psicología, en tanto que ciencia, debe dar por sentado que todo aquello que estudia existe como parte de una cadena de causas y efectos en la que el sistema nervioso y el organismo en

DATO CURIOSO

Parece ser que la primera persona que descubrió que las sensaciones y todas las capacidades intelectuales en general forman parte del funcionamiento del encéfalo fue un médico y filósofo griego conocido como Alcmeón de Crotona, nacido a finales del siglo VI a.C. Este médico observó que en los cuerpos que examinaba había una serie de fibras que iban desde los sentidos hasta el órgano que ocupa el interior del cráneo, pero fue más allá de identificar pensamiento y percepción. Para Alcmeón, los hombres están dotados de percepción sensorial y de pensamiento, mientras que el resto de los animales disponen sólo de percepción sensorial: en palabras del propio Alcmeón, «los dioses conocen lo invisible, los humanos hipotetizan sobre lo invisible y el resto de los seres vivos sólo experimentan lo visible». Esta manera de concebir el pensamiento y la percepción como dos conceptos diferentes ha sido heredada desde entonces por muchas disciplinas científicas, entre ellas la psicología.

general tienen un importantísimo papel. Ni los pensamientos, ni las sensaciones ni las emociones existen de forma aislada; todo tiene lugar dentro de un cuerpo. De ahí, entre otras cosas, que la psicología cada vez tenga una relación más estrecha con la biología, y más concretamente con las neurociencias.

Así que ha llegado el momento de explicar cómo funcionan las partes del cuerpo en las que tienen lugar los procesos mentales; partes que forman el sistema nervioso central. Entender el funcionamiento de estos órganos nos descubrirá, asimismo, los motivos por los que hay una vertiente de la psicología muy interesada en el funcionamiento fisiológico de nuestro cuerpo.

CEREBRO, ENCÉFALO Y SISTEMA NERVIOSO

Denominamos «cerebro» a la máquina de la mente que opera dentro de nuestra cabeza. Sin embargo, este término puede utilizarse, tanto para referirnos, en general, al conjunto de órganos nerviosos que ocupan el espacio interior del cráneo, que también se conoce como encéfalo, como para designar al telencéfalo, la parte superior y más superficial del encéfalo. Para evitar posibles confusiones, a partir de ahora utilizaremos la palabra «encéfalo» en vez de «cerebro» para referirnos al órgano entre cuyos componentes se encuentra el telencéfalo.

Asimismo tenemos que saber que el encéfalo humano es la parte superior del sistema nervioso, que está compuesto por un entramado de fibras repartidas por todo el cuerpo cuya función es mandar y procesar señales nerviosas, corrientes de electricidad. Explicado de esta manera parece un cometido simple e incluso banal, pero en realidad es todo lo contrario. El encéfalo y el sistema nervioso en general se encargan de transmitir señales gracias a las cuales nos hacemos una idea de cómo es el mundo que nos rodea, pero también cumplen muchas otras funciones, básicamente, todas aquellas que nos mantienen con vida y nos permiten valernos por nosotros mismos. Es el sistema nervioso el que a través del torrente de información que lo atraviesa hace que los órganos vitales funcionen correctamente y el que transforma las instrucciones de mover una parte del cuerpo en una acción que es realizada diligentemente por cierto grupo muscular. De hecho, también debemos agradecerle al sistema nervioso que estas instrucciones para mover una parte del cuerpo existan, ya que, tal y como hemos dicho, el encéfalo forma parte de dicho sistema. Concretamente, forma parte del sistema nervioso central, que es la estructura formada por el encéfalo y la médula espinal (situada a lo largo de la columna vertebral). De estas partes del cuerpo emergen los nervios que forman el sistema nervioso periférico.

Ahora bien, ¿por qué cuando hablamos sobre procesos mentales pensamos más en el encéfalo que en el sistema nervioso en general? Bueno, es una pregunta con muchas respuestas posibles, y gran parte de ellas harán referencia a cuestiones filosóficas y culturales, pero otra posible explicación es que es en el encéfalo donde queda claro que las fibras nerviosas están haciendo algo más que conducir impulsos eléctricos y transportar información de un lado a otro. Mientras que el sistema nervioso periférico existe básicamente para mandar la información sensorial al encéfalo y transmitir órdenes a ciertas partes del cuerpo, y la médula espinal hace que se activen ciertos «protocolos de actuación» involuntarios que permiten mantenernos con vida, el encéfalo trabaja procesando bucles de información, dirigiendo impulsos nerviosos y creando otros nuevos a partir de éstos, siguiendo unas lógicas complicadísimas y que aún estamos lejos de entender.

LAS PARTES DEL ENCÉFALO

El encéfalo está compuesto por cuatro estructuras fundamentales: el telencéfalo, el diencéfalo, el tronco del encéfalo y el cerebelo. Estas formaciones están ordenadas según su grado de proximidad con la médula espinal, así que el telencéfalo es la parte superior y más superficial del encéfalo, el diencéfalo está justo debajo, y tanto el cerebelo como el tronco del encéfalo están en la parte inferior. Esto nos da una idea sobre el orden en el que cada una de las partes del encéfalo han ido apareciendo a lo largo de los miles de millones de años de evolución al final de los cuales se sitúa la aparición del cerebro humano. En primer lugar surgieron las estructuras de la zona del tronco del encéfalo, y al final se fue desarrollando la parte superior del telencéfalo. Esto significa que las características psicológicas que asociamos con el ser humano y el pensamiento abstracto, como el uso del lenguaje, el control voluntario las acciones o la capacidad para planificar, imaginar y generar metas a largo plazo, tienen que ver con esta última zona, mientras que el cometido de las regiones inferiores, además de actuar como puente entre la médula espinal y las zonas superiores del encéfalo (mandándoles datos «crudos» sobre lo que perciben los sentidos en cada momento), tiene que ver con el mantenimiento de funciones vitales y automáticas como respirar, mover los ojos automáticamente, mantener el equilibrio, tragar y vomitar, entrar en estado de alerta ante señales de peligro, regular el ciclo sueño-vigilia, etc. Así pues, nos centraremos especialmente en las funciones que se realizan en el telencéfalo y el diencéfalo, que son las que tienen más relación con el pensamiento y los procesos cognitivos en general.

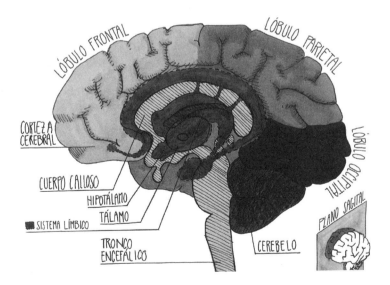

Las partes que componen el telencéfalo son la corteza cerebral, los ganglios basales y el sistema límbico. La corteza cerebral
es la cubierta del encéfalo, y lo primero que salta a la vista, ya que
ocupa la mayor parte de su espacio y es, con diferencia, la estructura que más pesa de todo el órgano. Es también aquello que
identificamos más fácilmente con el cerebro por su aspecto similar al de un laberinto lleno de pliegues y por el hecho de presentar
dos hemisferios casi simétricos que están separados por una especie de corte (cisura interhemisférica) que va desde la zona de
la frente hasta la parte trasera de la cabeza. Estos hemisferios se
mantienen en contacto entre ellos a través de una especie de
puente que se llama cuerpo calloso. Además, independientemente de si está en el lado derecho o en el izquierdo, cada hemisferio
está dividido en distintos lóbulos más o menos especializados en
diferentes funciones. Gran parte de la superficie de dichos lóbulos está dedicada a integrar su propia información con la que llega
de otras partes del cerebro y de los lóbulos vecinos. A pesar de que

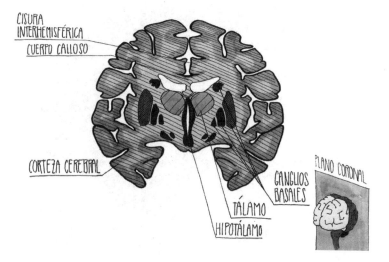

la estructura de los hemisferios es casi idéntica a ambos lados del encéfalo (lo cual significa que cada cerebro contiene dos lóbulos temporales, dos lóbulos frontalcs, etc.), ciertas funciones están mucho más localizadas en uno de ellos. Por ejemplo, los procesos relacionados con el lenguaje suelen tener más presencia en el hemisferio izquierdo.

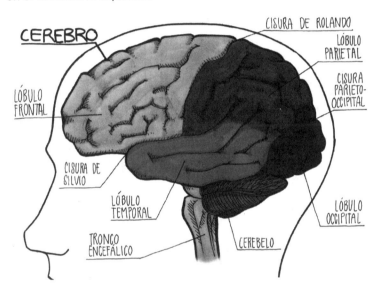

En comparación con las zonas inferiores del encéfalo, el trabajo de la corteza cerebral consiste en integrar y dar sentido a todo el torrente de información que le llega. Esto se realiza especialmente en unas partes del cerebro llamadas áreas de asociación, que reciben la información sensorial que llega a la superficie del encéfalo a través de las cortezas sensoriales primarias. Por ejemplo, la parte asociativa del lóbulo parietal es capaz de integrar los datos que llegan de los ojos para reconocer que un objeto se está moviendo ante nuestro rostro, y puede darse el caso de que una persona con cierto tipo de lesión en el área de asociación visual sea capaz de copiar en una hoja de papel aquello que enfocan sus ojos pero no de describir lo que ve o hablar sobre su significado, porque no consigue integrar en unidades con sentido los datos «crudos» que le llegan desde los órganos visuales.

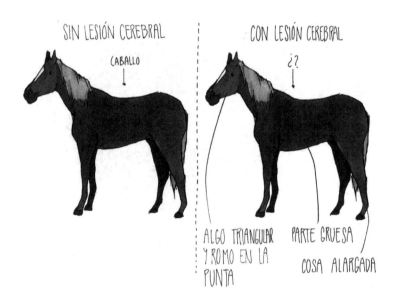

SIN LESIÓN CEREBRAL   CON LESIÓN CEREBRAL

CABALLO   ¿?

ALGO TRIANGULAR Y ROMO EN LA PUNTA   PARTE GRUESA   COSA ALARGADA

Por lo tanto, las áreas de asociación del cerebro tienen un papel fundamental en todas aquellas tareas que requieran combinar distintos tipos de información y planificar y ejecutar acciones voluntarias respondiendo a ideas abstractas sobre lo que está ocurriendo (o ha ocurrido en el pasado), mientras que la corteza sensorial primaria responde más a la necesidad de tener datos sobre lo que ocurre aquí y ahora y a transmitir esta información a las áreas de asociación para que éstas permitan darle un sentido a todo. Gracias a ellas construimos conceptos como «elegancia», «hostilidad» o incluso «nación» a partir de estímulos sensoriales que parecen no tener nada que ver entre ellos. En definitiva, la existencia de la corteza cerebral y en concreto de las áreas de asociación es lo que hace posible los procesos más complejos como la escritura, el reconocimiento de patrones o la creación de ideas nuevas a partir de lo que recogen nuestros sentidos.

Los ganglios basales están por debajo de la corteza cerebral, y tienen un papel en la realización de movimientos voluntarios que se realizan de manera casi inconsciente y sin que les prestemos demasiada atención, como escribir, hablar o montar en bicicleta. Por su parte, el sistema límbico es una de las estructuras del cerebro más interesantes, ya que tiene que ver con la producción y regulación de emociones, por lo cual se relaciona con muchos aspectos que definen la personalidad de cada individuo. Además, el sistema límbico cuenta con dos estructuras (una en cada hemisferio cerebral) llamadas hipocampos, cuya función se asocia con la generación y el almacenamiento de recuerdos.

El diencéfalo, que es la región comprendida entre el telencéfalo y el tronco del encéfalo, está compuesto por dos estructuras llamadas tálamo e hipotálamo. El tálamo es la primera parada que hace la información sensorial al llegar al encéfalo, y por lo tanto su función es en gran parte actuar como directorio de señales nerviosas. Por un lado, manda este tipo de impulsos eléctricos a partes del cerebro encargadas de integrar información sensorial y juntarla con otro tipo de señales, y por el otro, permite que se generen respuestas inmediatas ante ciertos estímulos. El hipotálamo está situado justo debajo, y su función es regular procesos que garantizan nuestra supervivencia, como el mantenimiento de la temperatura corporal o la aparición y desaparición de estados de estrés producidos por el hambre o la sed.

Existen otras muchas maneras de clasificar las partes del encéfalo. Uno de los sistemas más conocidos para describir la anatomía de la corteza cerebral es el que inventó un neurólogo alemán llamado Korbinian Brodmann a principios del siglo xx. Brodmann trazó una serie de fronteras que separan entre sí distintas zonas de la superficie cerebral, creando así decenas de «áreas de Brodmann» numeradas del 1 al 52.

Estos sistemas de mapeo de partes del encéfalo son aprovechados por neurocientíficos y psicólogos para entender el funcionamiento del sistema nervioso, ya que observar cómo ciertas lesiones influyen en los procesos mentales del paciente dependiendo de su ubicación permite conocer mejor las funciones de la parte dañada. Esto resulta bastante útil porque en las personas sanas hay una serie de procesos mentales que parecen depender de un solo mecanismo neural cuando en realidad están producidos por varios procesos que trabajan conjuntamente. Por ejemplo, gracias al estudio de casos sabemos que cuando se daña una región del cerebro llamada giro fusiforme puede aparecer un fenómeno llamado prosopagnosia, que consiste en una incapacidad en reconocer las caras de las personas, aunque pertenezcan a familiares o amigos. Los pacientes que presentan prosopagnosia se ven obligados a reconocer a los demás fijándose en su pelo, su postura, su manera de andar, su voz, etc. Del mismo modo, gracias al estudio de lesiones se ha descubierto que la capacidad para usar el lenguaje es en realidad un conjunto de procesos. Cuando se daña la llamada área de Broca (situada en las áreas de Brodmann 44 y 45) aparece la afasia de Broca, es decir, la incapacidad para producir lenguaje bien articulado tanto hablado como escrito, mientras que si se lesiona otra zona llamada área de Wernicke (área 22 de Brodmann) lo que falla es más la organización del lenguaje en unidades con sentido, y no tanto su producción. Mientras que las personas

DATO CURIOSO

El concepto de la localización cortical de ciertas funciones y facultades mentales fue objeto de debate por primera vez a principios del siglo XIX, cuando el estudio de la mente abandonaba la investigación sobre el alma para convertirse en investigación basada en la medición y en la experimentación de partes del cuerpo. En esa época irrumpió con fuerza la frenología, doctrina desarrollada por el atomista vienés Franz Joseph Gall, que pretendía explicar la capacidad mental, la personalidad y el carácter de un individuo a través de una minuciosa inspección del cráneo, en especial de sus protuberancias. Gall defendía la idea de que la mente puede dividirse en funciones y capacidades concretas que corresponden a regiones muy determinadas de la corteza cerebral, y que midiendo las protuberancias de la forma del cráneo era posible saber en qué grado estaban más o menos desarrolladas las propiedades mentales ubicadas en esa parte de la cabeza. Pero lejos de basarse en evidencias fisiológicas, la frenología asumía conceptos erróneos y nunca gozó de muy buena acogida.

con afasia de Broca tienden a hablar poco, a usar muy pocas palabras que además están mal elegidas o construidas y son conscientes de que no se saben expresar porque les cuesta mucho esfuerzo producir lenguaje, las que presentan afasia de Wernicke hablan mucho, aunque lo que dicen no tiene sentido, y ni entienden lo que se les dice ni saben que el resto de las personas no las entienden a ellas. Resumiendo, el área de Broca es importante para realizar los movimientos necesarios para hablar y escribir, mientras que la de Wernicke tiene más protagonismo a la hora de comprender el lenguaje.

Todas estas partes están conectadas entre sí, porque el encéfalo no es simplemente un conjunto de elementos separados obligados a encajar. Estas estructuras que hemos visto, al igual que todas las partes del sistema nervioso, están compuestas por un entramado de células que se distribuyen por todo el encéfalo formando redes en las que cada parte trabaja en coordinación con muchas otras a la vez. La principal unidad con la que están construidas esas redes es la neurona.

LA ESTRUCTURA BÁSICA DE LAS NEURONAS

Todo el sistema nervioso en general está formado básicamente por neuronas, o células nerviosas, y por unos pequeños cuerpos llamados células gliales. Ni el encéfalo humano ni las estructuras de su anatomía que hemos repasado son una excepción, y si bien la mayoría de las células que encontramos en estos cuerpos corresponden al tipo glial (se estima que hay diez de ellas por cada célula nerviosa), desde el punto de vista de la psicología las unidades que más nos interesan son las neuronas, ya que son éstas las que están directamente implicadas en la creación y emisión de flujos de impulsos nerviosos. Igualmente, aunque nuestras neuronas escaseen algo más que la glía, su número sigue siendo abrumador: tenemos casi cien mil millones de neuronas.

Como es de suponer, entre tantas células nerviosas hay distintos tipos de neuronas que pueden clasificarse según las diferencias en su forma y su función. Pero, a modo explicativo, podemos hablar de una arquitectura típica de todas las células nerviosas. Las estructuras propias de las neuronas son los axones, las dendritas y los cuerpos neuronales. También es frecuente que otros componentes llamados vainas de mielina se adhieran a ellas, aunque técnicamente éstas no forman parte de las neuronas y son de origen glial.

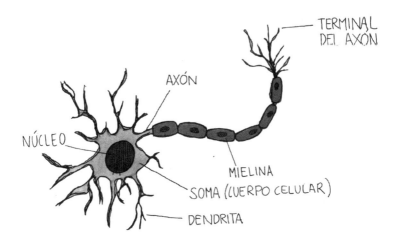

Las neuronas no sólo comparten una estructura muy parecida independientemente del tipo al que pertenezcan, también comparten una función básica: recibir estímulos de diferentes tipos y emitir impulsos nerviosos con una frecuencia determinada. Por lo tanto, todas las partes de las células nerviosas cumplen un rol en esta misión. En primer lugar tenemos el cuerpo neuronal, o soma, en el que se encuentra el núcleo de la neurona y los elementos necesarios para que ésta se conserve y sobreviva. Por su parte, las dendritas son ramificaciones que parten del cuerpo neuronal y se encargan de recibir los impulsos nerviosos que llegan desde otras células nerviosas y de mandarlos en dirección al cuerpo neuronal, mientras que los axones son las estructuras alargadas que se proyectan hacia zonas alejadas del soma para hacer que los impulsos nerviosos que viajan por ellos lleguen a otras neuronas, músculos o glándulas. De este modo, la corriente eléctrica atraviesa estos tres elementos; las dendritas en primer lugar, luego el soma, y finalmente el axón. Cuando localizamos un nervio que conecta, por ejemplo, la médula espinal con un grupo de músculos, lo que estamos viendo es un fajo de axones agrupados que van en la misma dirección.

A su vez, muchos axones tienen buena parte de su tramo envuelto en una sustancia blanquecina llamada mielina. La función de estas vainas producidas por ciertas células gliales es, fundamentalmente, favorecer la velocidad de los impulsos nerviosos a lo largo del axón. Asimismo, y dejando de lado lo útil que nos resulta a la hora de tener un encéfalo perfectamente funcional, la mielina también nos ayuda a saber cosas sobre el cerebro a simple vista, porque el color blanco que delata su presencia nos permite identificar rápidamente en qué zonas hay más concentración de axones y en cuáles encontramos mayor concentración de cuerpos de neuronas. De esta manera, podemos saber que en la corteza cerebral hay básicamente cuerpos neuronales porque en ella predomina la materia gris, y no la blanca.

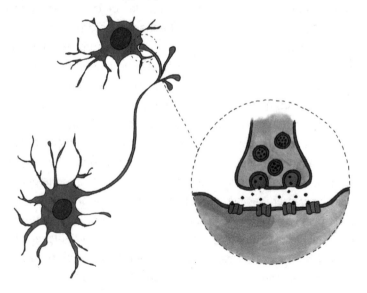

DATO CURIOSO

Aunque las neuronas son cuerpos microscópicos, en ocasiones presentan unas medidas impresionantes. Por ejemplo, los axones de ciertas especies de calamar pueden llegar a tener un diámetro de 800 micras, casi un milímetro. Sin salir del mar, encontramos en la ballena azul axones de hasta 25 metros que conforman sus nervios espinales. Y, sin ir tan lejos, el propio cuerpo humano tiene algunas neuronas que miden aproximadamente un metro de longitud, aunque se encuentran fuera del sistema nervioso central. Por ejemplo, el nervio más largo y más voluminoso en el organismo humano es el nervio ciático o isquiático, que se extiende desde los pies hasta la pelvis y puede medir más de un metro. Y si consideramos un único axón, el de mayor longitud que se ha documentado parte de la punta de los dedos hasta la espina dorsal, y puede llegar a tener un metro y medio en adultos.

Los puntos en los que los impulsos nerviosos pasan de una neurona a otra se llaman espacios sinápticos, y al proceso que se lleva a cabo en ellos se lo denomina sinapsis (no confundir con sinopsis). Eso significa que, como norma general, para que una neurona perteneciente al encéfalo tenga la capacidad de establecer conexiones sinápticas con otra neurona, debe desarrollar al menos un axón y una dendrita. En la mayoría de los casos estudiados, en las sinapsis que tienen lugar en el encéfalo la señal nerviosa pasa de ser eléctrica a ser química. Concretamente, al llegar a los terminales del extremo de los axones, el impulso nervioso provoca que desde la parte presináptica de la neurona se liberen unas sustancias químicas que luego serán captadas por la parte postsináptica de la neurona con la que se establece la conexión. Esta membrana postsináptica suele estar ubicada en pequeñas espinas que brotan de las dendritas, y es allí donde el impulso nervioso vuelve a transformarse en una corriente eléctrica.

Existe un motivo por el que en nuestra somera descripción de cómo son las neuronas nos hayamos preocupado por explicar que existen espacios sinápticos entre ellas, como si éstos perteneciesen a la anatomía de la célula nerviosa. Y es que aunque antes hemos hablado sobre la complejidad del encéfalo humano y la gran cantidad de células nerviosas que hay en él, este órgano es muy complicado de entender y de estudiar, no tanto por el número de neuronas que contiene como por el modo en que se relacionan entre ellas.

LAS SINAPSIS: CLAVE DEL FUNCIONAMIENTO DEL SISTEMA NERVIOSO

Para hacernos una idea sobre cómo se realiza el procesamiento de información en un encéfalo humano y dónde reside aquello que nos hace ser como somos es necesario analizar las relaciones entre las neuronas, porque es ahí donde reside la clave del funcionamiento del sistema nervioso. Todo lo que tiene lugar en nuestro cerebro se explica porque hay millones de neuronas interactuando entre sí dentro de nuestra cabeza y no, simplemente, por el hecho de tener una cantidad determinada de células nerviosas. Recordemos que nuestro encéfalo se dedica básicamente a procesar información de manera constante, y por lo tanto depende de un torrente de datos que van saltando de un lugar a otro.

Pues bien; teniendo en cuenta que cada neurona puede estar asociada fácilmente a 10.000 neuronas vecinas, el número total de conexiones mantenidas por las células nerviosas del encéfalo es más o menos 100.000.000.000.000, o, lo que es lo mismo, 10^{14} conexiones sinápticas o *sinapsis*.

DATO CURIOSO

La mielinización de las neuronas, que permite una adecuada transmisión de los impulsos nerviosos, es un proceso que se realiza en diferentes etapas: se inicia en el feto durante los meses de gestación, se sigue produciendo durante los primeros años de vida del niño y se completa en la edad adulta. A lo largo de nuestro desarrollo, las áreas cerebrales primarias son las que se mielinizan antes, mientras que las áreas de asociación son las últimas en hacerlo y sólo alcanzan su desarrollo completo hacia los quince años de edad. Esto cobra sentido cuando se tiene en cuenta que las áreas cerebrales primarias tienen que estar bien interconectadas para poder trabajar con información relacionada con el presente, mientras que la corteza asociativa tiene más relación con la vida adulta y las ideas complejas que la rigen.

A esto le tenemos que añadir el hecho de que cada neurona tiene miles de pequeños órganos llamados *receptores* diseñados para captar los neurotransmisores que le llegan de los terminales presinápticos, lo que puede hacer variar el flujo de información que se esté transmitiendo en ese momento a través de la neurona. Así que no haremos una estimación del número de elementos de variación que puede contener un encéfalo, incluyendo aquí a los receptores neuronales. Basta con imaginar una cifra ridículamente grande.

Otro hecho que nos hace pensar en la importancia que tienen las conexiones neuronales es que, aunque nacemos con más neuronas de las que tendremos en cualquier momento de nuestra vida, el volumen del encéfalo de los neonatos es menor que el de los adultos. A lo largo de nuestra juventud, muchas neuronas van muriendo como parte de nuestro desarrollo normal (nos deshacemos de células nerviosas que usamos poco), pero el tamaño del encéfalo crece..., a causa del aumento de conexiones sinápticas.

Los axones mielinizados y las dendritas ocupan espacio, así que el hecho de que cada vez el número de interconexiones sea mayor tiene unas consecuencias materiales palpables: la maraña neuronal va creciendo, porque de eso depende que desarrollemos gran parte de nuestras capacidades mentales.

Todos los procesos mentales y la capacidad para realizar todo tipo de acciones tienen su razón de ser no en el funcionamiento de «piezas del encéfalo» por separado, sino en la relación que las redes neuronales mantienen entre sí, independientemente de la estructura a la que pertenezca cada una de ellas, ya que las funciones del encéfalo no se producen en estructuras concretas y fácilmente localizables, sino en redes de células nerviosas que se van coordinando entre sí y que en un corto período de tiempo pueden estar participando en muchos procesos distintos. Sin embargo, eso no significa que no podamos dividir el encéfalo en áreas para facilitar su estudio y poder experimentar con él.

PLASTICIDAD NEURONAL: LO QUE NOS DIFERENCIA DE LOS ORDENADORES

Desde la psicología cognitiva se ha empezado a utilizar la metáfora computacional, que consiste en describir las funciones y los procesos del encéfalo en los mismos términos con los que describiríamos un ordenador. Está claro que este tipo de conceptualizaciones pueden ser más o menos útiles, dependiendo del contexto y del tipo de conclusiones que queramos extraer sobre el funcionamiento de nuestro sistema nervioso; sabemos, por ejemplo, que un mapa es útil para entender cómo es un territorio, a pesar de que también somos conscientes de que ese mapa no es el territorio en sí, ya que si lo fuera sería tan extenso que no serviría para nada. Sin embargo, algunos psicólogos van más allá de la figura retórica y llegan a afirmar que el encéfalo no es como un ordenador, sino que es básicamente un ordenador. Uno sin pantalla y sin microchips, pero un ordenador al fin y al cabo. En esta idea queda implícito que los PC, tabletas y demás aparatos electrónicos son sólo una muestra de lo que puede ser una computadora, pero que hay otros tipos de sistemas informáticos que pueden ser incluidos en esta definición, como por ejemplo el cerebro humano.

Por un lado es cierto que los encéfalos están diseñados para procesar información que les llega desde el exterior y generar nueva información a partir de estos inputs, pero por otro lado merece la pena destacar que presentan una característica muy significativa que no tienen ninguno de los aparatos electrónicos que podemos comprar en una tienda. Esta característica es que las redes de células nerviosas que forman el encéfalo cuentan con algo llamado plasticidad neuronal. La plasticidad neuronal es la capacidad del encéfalo para generar nuevas conexiones sinápticas capaces de responder a las demandas de cada contexto, aunque éstas sean imprevisibles. De hecho, podríamos decir que la plasticidad es la constatación material de que los seres humanos somos muy buenos adaptándonos a los retos que se van presentando a lo largo de nuestra trayectoria vital. El lema de esta capacidad puede resumirse en este principio: «Para afrontar todo tipo de desafíos inesperados, no hay nada como hacer que el funcionamiento del encéfalo sea también imprevisible».

Así, las propias mecánicas de nuestro órgano mental son tan cambiantes y dinámicas como los contextos que vamos viviendo. Esta manera de producir nuevas conexiones sin seguir ningún protocolo de actuación diseñado por algún programador es algo que queda fuera del alcance de cualquier máquina y que sólo puede atribuirse a la autonomía de las neuronas. De este modo, mientras que es posible que alguien conocedor de los entresijos del funcionamiento de los ordenadores sepa por qué cables viaja la información necesaria para que se ejecute un comando que introducimos en un sistema informático, nadie es capaz de saber de qué modo van a conectarse un pequeño grupo de neuronas en un momento determinado. La plasticidad neuronal se basa en el hecho de que todo lo que hacemos y percibimos contribuye a que las redes neuronales se adapten a esa experiencia cambiando física y químicamente, en tiempo real; debilitándose ciertas relaciones entre neuronas y fortaleciéndose otras. Cada una de nuestras experiencias deja una huella en nuestras células nerviosas, así que aunque a simple vista todos los encéfalos se parezcan, a nivel microscópico todos tenemos un encéfalo totalmente distinto al de las otras personas (o, más bien, muchos encéfalos únicos a lo largo de un día), aunque tengamos hermanos gemelos. Simplemente, el modo en el que se conectan unas neuronas con otras no tiene nada que ver con lo que ocurre en el resto de los encéfalos. Eso significa que gran parte de la complejidad de las redes neuronales se debe a su capacidad increíble para cambiar en cada momento y hacer que la malla de células nerviosas que forman adopte una u otra estructura.

El hecho de que el encéfalo pueda adaptarse a un abanico de situaciones prácticamente infinito significa, también, que las neuronas tienen infinitas maneras de trabajar coordinándose entre ellas. Cuando un grupo de neuronas deja de activarse siguiendo los mismos patrones que seguía unos minutos antes, no significa que se desate una crisis global que vaya a perjudicar a todas las partes del sistema nervioso. El resto de las neuronas, simplemente, se ajustan a este cambio, ya que en el encéfalo lo raro es que algo funcione del mismo modo durante mucho tiempo seguido. Esto nos obliga a subrayar una vez más un principio comentado páginas atrás: todo lo que ocurre en el encéfalo debe entenderse como el trabajo de millones de neuronas que cooperan entre sí, y no como el fruto de partes individuales que ejecutan siempre una función determinada.

También es muy relevante el hecho de que las neuronas se comuniquen entre ellas manteniendo un espacio de separación, porque significa que no están pegadas entre sí y no hay nada que las obligue a ser agentes pasivos dedicados a hacer que los impulsos nerviosos que llegan de una parte concreta lleguen a otro sitio específico. La existencia de los espacios sinápticos permite que estas células tengan un amplio abanico de opciones acerca de con qué neuronas establecer contacto y de qué modo pueden hacerlo. De hecho, es tal la variabilidad que presentan en ese sentido que gran parte de las neuronas del encéfalo están variando constantemente su manera de recibir y mandar impulsos, lo cual explica que las redes neuronales puedan adaptarse a situaciones no previstas.

En definitiva, si los procesos mentales y la consciencia en sí se caracterizan por ser un constante flujo de información nueva, tal y como dijo William James, no hay nada que ilustre tan bien la producción de pensamientos y sentimientos novedosos como el funcionamiento del encéfalo, un órgano que a pesar de ser siempre el mismo, en cada momento se encuentra en un estado diferente.

DATO CURIOSO

Hasta finales del siglo XIX, se creía que el encéfalo era un tejido compacto que funciona como una unidad. Fue el médico Santiago Ramón y Cajal el primer investigador que, a partir de sus observaciones, llegó a la conclusión de que el sistema nervioso está formado por «individualidades morfológicas» llamadas neuronas y que éstas son las estructuras básicas propias del sistema nervioso. Gracias a este descubrimiento cambió la concepción que se tenía sobre el encéfalo humano, que pasó a ser un órgano formado por células que tenían la capacidad de actuar de manera relativamente autónoma, lo cual hizo que la idea de que el cerebro cambia físicamente de manera constante no resultase descabellada.

SUPERACIÓN PERSONAL A TRAVÉS DE LAS SINAPSIS

La plasticidad cerebral se basa en el modo en el que las relaciones entre neuronas cambian en tiempo real tanto a nivel químico, haciendo que ciertas células sean más propensas a captar una sustancia concreta, como a nivel físico, haciendo que dos o más neuronas se acerque las unas a las otras a partir de sus interacciones previas. Sin embargo, los efectos de la plasticidad son más evidentes a medio y largo plazo. Por ejemplo, es imprescindible para explicar el modo en el que somos capaces de adaptarnos a nuevos retos en cuestión de meses, semanas o incluso días. Gracias a la plasticidad podemos aprender y dominar acciones que no han tenido que ver a la hora de garantizar nuestra supervivencia en el pasado y que por lo tanto no estaban incluidas en el diseño inicial de nuestro encéfalo, como por ejemplo la capacidad para tocar el piano. Por defecto, nuestro cerebro no reserva cierto tipo de vías de comunicación dedicadas a que nos resulte fácil tocar un instrumento musical, pero si le dedicamos el suficiente esfuerzo el cerebro creará estas conexiones especiales y conectará las partes de nuestro encéfalo necesarias para dominar la técnica.

En definitiva, la plasticidad cerebral puede ser entendida como el fundamento biológico que explica nuestra capacidad para superar situaciones adversas, todas aquellas cosas que se supone que no deberían ocurrir pero que ocurren y nos ponen en un aprieto.

Pero las ventajas de la plasticidad cerebral no se hacen notar solo cuando debemos aprender nuevas competencias que nos permitan superar retos. Además de hacer posible que aprendamos a realizar tareas concretas, en muchos casos esta plasticidad también nos permite recuperarnos de una lesión cerebral, aunque ésta haya hecho que perdamos una buena parte de la masa encefálica. Simplemente, se aprovechan mejor las neuronas que quedan reforzando sus conexiones (aunque, eso sí, éste es un proceso que suena mucho más sencillo de lo que en realidad es).

DATO CURIOSO

Un ejemplo de cómo la plasticidad nos ayuda a sobrevivir es el caso de una mujer china que en el año 2014, cuando contaba veinticuatro años de edad, descubrió durante una revisión médica que había nacido sin cerebelo, una de las estructuras más importantes del encéfalo. A falta de cerebelo, el resto de las regiones nerviosas fueron capaces de suplir esta ausencia interconectándose mejor entre sí, de tal manera que la joven china, a pesar de haber empezado a caminar a los siete años y a hablar a los seis, pudo llevar una vida completamente normal. En otros casos más extremos se ha comprobado que algunos niños pueden recuperarse bien después de que les hayan extirpado medio cerebro para prevenir los ataques epilépticos. Sin embargo, la recuperación de las lesiones en el encéfalo no siempre es completa y suele tardar mucho en producirse.

¿QUIÉN MANDA EN EL CEREBRO?

A pesar de que la función de todas las neuronas es propagar impulsos eléctricos con distintas frecuencias, no todas hacen lo mismo si tenemos en cuenta el rol que cumplen como parte del sistema nervioso en su globalidad. Desde que el médico francés François Magendie demostró en el siglo xix la existencia de nervios motores y sensoriales, sabemos que en el cuerpo humano hay unas vías de transmisión de impulsos eléctricos que van desde el ambiente externo hacia el interno, y otras que van en sentido contrario, desde el cerebro hacia la periferia. Así, las células nerviosas que mandan información sensorial en dirección al sistema nervioso central se llaman neuronas aferentes, mientras que las encargadas de transmitir órdenes del encéfalo hacia otras partes del cuerpo son neuronas eferentes. Aquellas que tienen como cometido mandar información a otras células nerviosas se denominan interneuronas.

Ahora bien, ¿cómo se gestiona esta información? ¿Hay alguna región de nuestro encéfalo en el que se tomen las decisiones sobre todo lo que se debe hacer? Esta clasificación por tipos de neuronas nos hace pensar en información sensorial que sube al encéfalo y otra que baja para transmitir órdenes. Podríamos decir que las neuronas aferentes proveen de información, mientras que las eferentes hacen «que se cumpla lo que se manda», independientemente de si se trata de algo voluntario (como fingir una sonrisa) o involuntario (como estornudar). Además, hemos visto que la información sensorial se convierte en contenido de actividad intelectual básicamente cuando llega a las áreas de asociación, y antes de eso sólo está compuesta por «datos crudos» que aún no han sido procesados para formar unidades con sentido. Este esquema explicativo nos hace pensar en una jerarquía en la que distinguimos entre células nerviosas «rasas» y ciertas redes neuronales encargadas de dar valor añadido a la información sensorial dotándola de sentido y de tomar decisiones e iniciar comandos de acción a partir de los datos que les llegan a través de las neuronas aferentes.

Lamentablemente, no está nada claro en qué momento *lo que se percibe* pasa a transformarse en *lo que se hace*, básicamente por dos motivos. El primero es que la complejidad de los patrones de activación en el encéfalo es tal que es imposible detectar mecanismos de causa y efecto tan simples como A produce B, porque hay muchos procesos que suceden a la vez y que generan dinámicas de reacción en bucle en las que no se sabe si una parte activa a otra o es a la inversa; recordemos el número de conexiones neuronales que hay en un cerebro humano adulto. El segundo es que la iniciación de tareas tan complejas a partir de una previsión de las consecuencias de estas acciones requiere tantos «ingredientes» en forma de información que no pueden ser ubicadas en una estructura concreta del cerebro, ya que es necesario el trabajo conjunto de muchas redes neuronales distribuidas por todo el encéfalo.

Sin embargo, si tuviéramos que quedarnos con una zona de nuestro sistema nervioso que adquiera especial protagonismo a la hora de permitir la elección de opciones posibles y el inicio de planes de acción, sería obligado hablar de la importancia de la corteza prefrontal, en la parte del lóbulo frontal más cercana al rostro. Al estar en uno de los puntos más altos del sistema nervioso y contener una importante área de asociación, esta zona del cerebro tiene acceso a mucha información de todo tipo que va llegando de todas las regiones del encéfalo, y por eso tiene un papel determinante a la hora de integrar información sensorial para seleccionar una cadena de acciones a partir de lo que se percibe. Concretamente, tiene un rol muy importante en el inicio de cadenas de acción orientadas a objetivos a medio y largo plazo, y por eso se la suele relacionar con los hábitos de una vida adulta y responsable.

Sin embargo, es necesario insistir en que creer que la corteza prefrontal tiene el rol principal en el funcionamiento del encéfalo es una manera demasiado simplista de entender cómo funciona nuestro cuerpo, especialmente porque esta parte del lóbulo frontal, como todas las regiones del encéfalo, tiene que trabajar mano a mano con todo tipo de grupos de neuronas sin las cuales no podría hacer nada, y también está totalmente influida por la actividad de los procesos aferentes y los eferentes. En vez de imaginar el flujo de información que viaja por nuestras neuronas como un torrente de información que llega a un órgano dedicado a tomar decisiones importantes, es más útil imaginárselo como un ciclo en el que las acciones influyen en la manera de percibir el entorno y viceversa.

No hay una parte concreta de nuestro cuerpo que sea informada y dicte órdenes a todo el cuerpo, porque todo lo que ocurre en nuestro sistema nervioso depende de que trabajen simultáneamente muchos grupos neuronales que sean capaces de comparar la información sobre lo que se realiza con la que hace referencia a lo que se percibe. Puede entenderse que las neuronas aferentes mandan órdenes hacia el cerebro, ya que los impulsos nerviosos que transmiten modificarán el funcionamiento de este órgano, y puede entenderse también que las neuronas eferentes modifican a todas las demás, ya que son las que producirán los cambios ante los cuales el resto de las neuronas reaccionarán. Aunque las neuronas aferentes y las eferentes no tengan un cometido tan glamuroso como el de las que trabajan en el área prefrontal, resulta imposible saber cuáles son las neuronas dominantes porque todas trabajan juntas creando un ciclo de información.

HERRAMIENTAS PARA EL ESTUDIO DEL ENCÉFALO

Uno de los puntos fuertes de entender la psicología como una disciplina con los pies en la biología es que, además de poder encontrar evidencias objetivas sobre nuestra conducta en las acciones que realizamos y que son visibles a simple vista, podemos tener acceso a otro tipo de información objetiva: la que atañe al funcionamiento interno de nuestro cuerpo. El acceso a estos datos era muy complicado durante los primeros años del nacimiento de la psicología, pero con el paso del tiempo se han ido desarrollando tecnologías muy útiles en este sentido.

Una de las herramientas más importantes a la hora de saber lo que sucede en nuestras redes neuronales es el electroencefalógrafo (EEG), desarrollado por el neurólogo alemán Hans Berger en 1929. Esta máquina crea un registro de la actividad eléctrica de ciertos grupos de neuronas a través de la colocación de electrodos en zonas estratégicas del cuero cabelludo. De este modo, la actividad de las zonas de corteza cerebral que quedan debajo de los electrodos se traduce en un patrón de ondas y frecuencias mediante un trazador gráfico o la pantalla de un ordenador, del mismo modo en el que se representa la magnitud de los terremotos o las constantes vitales. A esta plasmación gráfica de la actividad eléctrica de ciertas regiones se la llama electroencefalograma, y la información que contiene es muy útil tanto para detectar patrones de activación propios de los ataques epilépticos como para estudiar los estados de consciencia.

Otra útil herramienta para estudiar el encéfalo es la tomografía axial computerizada (TAC, o CAT en inglés), que permite crear representaciones tridimensionales del encéfalo de una persona y buena parte de sus estructuras sin necesidad de recurrir a la cirugía. Para ello, se toman imágenes basadas en la emisión de rayos X desde distintos ángulos, haciendo que un sensor gire alrededor del cráneo. Otra técnica llamada imagenología por resonancia magnética (MRI) es más eficaz a la hora de representar las estructuras internas del encéfalo al crear un campo magnético en el que se introduce la cabeza de la persona objeto de estudio.

Cuando lo que se quiere no es tanto obtener información sobre las estructuras del encéfalo como saber qué es lo que está ocurriendo en ellas, se utilizan técnicas de imagenología funcional como la tomografía por emisión de positrones (TEP), en la que se inyecta una sustancia ligeramente radioactiva en el paciente y luego se monitoriza el rastro que ha dejado en el encéfalo bajo el supuesto de que las áreas que han absorbido la mayor cantidad de la radiación son las más activas. De este modo se pueden obtener imágenes en movimiento de lo que está ocurriendo dentro de nuestra cabeza mientras realizamos ciertas tareas. Pero la técnica más útil es posiblemente la imagen por resonancia magnética funcional (fMRI), que permite hacer un seguimiento en tiempo real del movimiento de la sangre sin necesidad de usar inyecciones. Como el flujo sanguíneo aumenta ligeramente en aquellas zonas con más actividad, la fMRI permite mapear la actividad de las distintas regiones del encéfalo.

La combinación de estas técnicas ha hecho que ese mundo mental que solíamos entender como algo totalmente privado pueda llegar a ser algo más público y transparente... El uso de máquinas hechas para «leer» cómo es y cómo funciona nuestro encéfalo además de investigar e intervenir en el ámbito de la salud tiene aplicaciones en prácticamente todas las ramas de la psicología, porque todas ellas se fundamentan en lo que ocurre en nuestro cuerpo; la mente no existe como algo desligado del organismo. Por ejemplo, un equipo de investigación encabezado por Thomas

DATO CURIOSO

Las imágenes de la actividad cerebral que se obtienen a través de estos procedimientos pueden ser muy útiles en muchos contextos, aunque por sí solos no aportan una información que permita saber exactamente lo que está pasando en la mente de una persona. Sin embargo, estas figuras parecen tener un especial poder de seducción en los lectores de artículos sobre investigaciones científicas acerca del cerebro. En un experimento realizado en 2007 por los psicólogos David McCabe y Alan Castel, por ejemplo, se vio que una serie de artículos de investigación inventados recibían una mejor valoración por parte de los lectores si iban acompañados por imágenes tridimensionales de un encéfalo con ciertas partes coloreadas indicando una especial activación en estas zonas. Pero su uso era más bien decorativo, ya que no aportaban información relevante que sirviera para apoyar los datos presentados en el texto que las acompañaba, y por otro lado, en las explicaciones dadas en el cuerpo de los artículos tampoco se aportaban datos que sirviesen para sustentar las conclusiones de la falsa investigación. Las imágenes del cerebro servían, en definitiva, para crear la sensación de que los artículos tenían una solidez de la que en realidad carecían.

Naselaris demostró en 2009 que gracias a la fMRI es posible hacer que un ordenador construya una representación gráfica aproximada de lo que está viendo una persona; el proceso consiste en hacer que la máquina lea patrones de activación en la corteza visual y adapte ciertos parámetros al funcionamiento de ese encéfalo en concreto para que finalmente pueda elegir una imagen parecida en una base de datos con millones de fotografías. Del mismo modo, se ha demostrado que mediante el uso del EEG pensamientos relativamente simples pueden transformarse en código binario y viajar a través de los ordenadores. Ese futuro de ciencia ficción en el que máquinas y cerebros humanos trabajan conjuntamente sin necesidad de intermediarios, como el teclado y los ratones o las pantallas, podría estar más cerca de lo que creemos.

CEREBROCENTRISMO

A la hora de estudiar el funcionamiento del encéfalo en general o del cerebro en particular, hay que tener en cuenta que los procesos mentales están guiados por fuerzas y lógicas que van mucho más allá de lo que ocurre dentro de nuestro cráneo. Aunque es innegable que si queremos entender cómo pensamos y sentimos es más útil centrar nuestra atención en el encéfalo que, por ejemplo, en las piernas o en los riñones, todo lo que ocurre en el sistema nervioso central está determinado por el diálogo que éste mantiene con el resto del cuerpo. Ejemplo de ello es la importancia crucial que tiene el sistema endocrino (encargado de segregar hormonas) sobre lo que ocurre en nuestras redes neuronales. Si el sistema nervioso se caracteriza por la rapidez con la que fluye la información a través de sus cadenas de células nerviosas, el sistema endocrino tiene un efecto algo más retardado y a largo plazo, pero con un impacto igual de importante en nuestros procesos mentales.

Eso significa que lo que ocurre en nuestro cerebro depende de lo que están haciendo las glándulas secretoras de hormonas que están repartidas por todo el cuerpo. No pensamos ni actuamos igual cuando estamos excitados que cuando no lo estamos, por ejemplo, ni cuando los ciclos hormonales nos predisponen a irnos a dormir.

El diálogo entre el sistema endocrino y el nervioso se puede producir prácticamente en cualquier grupo de neuronas, ya que muchas hormonas que viajan a través de la sangre pueden pasar al encéfalo para actuar como neurotransmisores y desempeñar un rol en la comunicación que se lleva a cabo constantemente en los espacios sinápticos, pero además hay estructuras del encéfalo entre cuyas funciones se encuentra detectar la cantidad de cierto tipo de hormonas y desencadenar procesos regulatorios que atañen a muchas partes del sistema nervioso.

Pero más allá de la teoría acerca de cómo las glándulas de todo el cuerpo dialogan con nuestro cerebro, la influencia que tiene todo nuestro cuerpo sobre los procesos mentales se ha comprobado experimentalmente. Por ejemplo, se ha visto que tendemos a sentirnos más reservados y desconfiados cuando tenemos los músculos contraídos y nos encorvamos, mientras que nos sentimos más abiertos cuando nuestra postura es literalmente abierta, con los brazos y las piernas extendidas hacia fuera y el tronco erguido.

Asimismo, aquello que le ocurre a nuestro cuerpo no sólo nos afecta emocionalmente, sino que muy posiblemente influye sobre nuestra manera de pensar en abstracto, utilizando conceptos generales que en teoría poco tienen que ver con el mundo físico que nos rodea. Esta idea de que nuestras operaciones cognitivas están fundamentadas en lo que experimentamos a través de todo el cuerpo se llama *embodied cognition*, y ha dado forma a un campo de estudios relativamente nuevo que fue inaugurado por el científico cognitivo George Lakoff y sus colaboradores. A mediados de los años setenta, Lakoff se dio cuenta de que el pensamiento humano podía estar basado no ya en categorías abstractas, sino a través de metáforas que hacen referencia a posiciones en el espacio, temperaturas, formas y, en general, a todo lo que puede experimentarse físicamente. Esta idea ha dado pie a un nuevo tipo de experimentos en los que se pretende estudiar la conexión entre la experiencia nacida de la interacción entre el cuerpo y el entorno, y la aparición de conceptos o líneas de pensamiento. Por ejemplo, se ha observado que las personas a las que se les presenta la imagen de un rostro andrógino tienden a atribuirle género femenino si lo hacen a la vez que estrujan una pelota esponjosa, mientras que las que hacen lo propio con una pelota dura le atribuyen género masculino. Del mismo modo, en un estudio de la Universidad de Yale se comprobó que los participantes del experimento tendían a evaluar a otra persona como alguien cálido y cercano cuando segundos antes habían estado sujetando un vaso de café caliente, mientras que las que habían sujetado un vaso de café con hielo describían a esa misma persona atribuyéndole mayor frialdad. Sin embargo, la *embodied cognition* va más allá de la afirmación de que el cuerpo influye en gran medida en nuestras representaciones mentales, como si se tratase de una corrección relacionada con la cantidad de influencias que el cuerpo tiene sobre la mente. Básicamente, lo que hace la *embodied cognition* es incluir en la matriz de operaciones cognitivas no sólo el encéfalo sino todo nuestro cuerpo y sus interacciones constantes con el entorno. Supone una ruptura cualitativa con la vieja psicología cognitiva, un cambio de paradigma que nos lleva a pensar que tanto la psicología como la ciencia cognitiva y las neurociencias en general han estado ancladas en una especie de cerebrocentrismo.

LA PERSPECTIVA BIOPSICOLÓGICA

Es cierto que no todas las escuelas de la psicología prestan atención al estudio del cuerpo humano en el sentido en el que lo estudian las neurociencias y la fisiología. Esto se debe a que es una disciplina en la que históricamente se han incluido puntos de vista muy variados, e incluso las corrientes que se fundamentan en el materialismo filosófico pueden preferir poner el énfasis en los productos culturales que envuelven a las personas y en el modo en el que éstas interactúan con lo que les rodea, más que a lo que ocurre en su propio sistema nervioso. Es por eso por lo que más allá de la clasificación por corrientes y escuelas que hemos visto en el capítulo 3, hay una psicología más centrada en lo biológico y que se adhiere a una perspectiva biopsicológica, y otra más centrada en las interacciones y lo sociocultural. Por lo tanto, hay psicólogos cognitivos o de cualquier otra corriente tanto en la orientación biopsicológica como en la sociocultural.

La perspectiva biopsicológica pretende estudiar nuestras acciones y los procesos mentales que se dan en nosotros atendiendo a las dinámicas químicas y fisiológicas de nuestro cuerpo. Se trata de una orientación en la que se hace evidente que la psicología tiene una de sus patas en la fisiología y la biología en general, y de ellas hereda un enfoque relativamente reduccionista en el que se intentan aislar estructuras del sistema nervioso para ver cómo funcionan independientemente del resto.

A pesar de esta tendencia al reduccionismo, la biopsicología cada vez está más obligada a estudiar redes neuronales difusas y distribuidas por todo el cerebro en vez de centrarse en la observación de zonas bien diferenciadas y que pueden ser reconocidas fácilmente en un mapa del encéfalo. Ello es debido a que aunque en el encéfalo hay estructuras especializadas en ciertas tareas, prácticamente todas las actividades del sistema nervioso dependen del trabajo conjunto de muchas áreas y grupos neuronales que se encuentran repartidos. Por eso en nuestro sistema nervioso la distinción entre software y hardware es ficticia; no se puede distinguir entre estructuras y procesos como en un ordenador en el que los procesos dan forma a las estructuras, y viceversa. Esta idea puede resultar difícil de entender, así que la exploraremos con más detalle en el siguiente capítulo.

7

EMOCIONES, INSTINTOS Y NECESIDADES

ESTUDIANDO TODO AQUELLO QUE NOS MUEVE

¿Qué es lo que nos mueve a comportarnos como lo hacemos? Ésta es una de las grandes incógnitas que la psicología ha heredado de la filosofía. Y, como todo lo que establece un puente entre ambas disciplinas, es una pregunta increíblemente difícil de responder. Porque la respuesta que demos implicará generar una visión sobre aquello que está en la base de cualquier conducta humana, desde ir al gimnasio hasta entablar una conversación con alguien. Y es que, por mucho que nos dediquemos a estudiar las estructuras de nuestro sistema nervioso y a describir el modo en el que nos relacionamos, nada de eso nos explica cómo se pone en marcha todo el proceso que nos convierte en alguien con objetivos en la vida y planes para llevarlos a cabo, lo cual es una, pena porque no deja de ser uno de los temas más interesantes (y con más aplicaciones) que puede cubrir la psicología.

Sin embargo, aunque sigue siendo necesario que se realicen más investigaciones sobre el tema, sí se han ido desarrollando algunos descubrimientos y teorías que son de utilidad para entender cómo funciona nuestro lado más «animal». Empezaremos hablando sobre unos conceptos clave.

BUSCANDO EL PLACER, EVITANDO EL DOLOR

Hace ya siglos que se ha venido relacionando lo que impulsa nuestra conducta con fenómenos subjetivos y personales que no podemos expresar con palabras. En concreto, la doctrina filosófica del hedonismo lleva siglos poniendo el énfasis en el rol que tienen el placer y el dolor como guías de nuestra conducta, independientemente del contexto en el que nos encontremos. Según este punto de vista, la búsqueda del placer y la evitación del dolor es lo que hace que nos comportemos tal como lo hacemos.

Ahora bien, decir que todo aquello a lo que aspiramos responde a nuestra manera de relacionarnos con estas dos sensaciones no es decir mucho. Por sí misma, esta creencia no sirve para identificar aquello que produce placer ni aquello que resulta doloroso ni cómo se combinan ambos aspectos cuando entran en conflicto. Por ejemplo, si alguien se siente deprimido y decide quedarse en la cama en vez de ir a una fiesta porque no tiene ganas de hacer nada, ¿se puede decir que el hecho de quedarse en la cama le produce placer? ¿O su decisión está motivada más bien por la intención de evitar exponerse al dolor de ver cómo todos parecen estar felices? Es bastante evidente que tanto el dolor como el placer tienen un papel fundamental en el comportamiento de los seres humanos y de muchos seres vivos, pero la doctrina del hedonismo no sirve para entrar en demasiados detalles sobre cómo opera este mecanismo. Para saber más sobre ello hace falta que ciertas hipótesis y teorías sean puestas a prueba a través de métodos científicos.

¿NOS GUÍAN LOS INSTINTOS?

Uno de los grandes principios de la psicología es que ninguna de nuestras conductas ocurre por casualidad. Esto significa que todo lo que hacemos tiene unas causas más o menos identificables y unas consecuencias. Además, como seres moldeados por la evolución y con capacidad para aprender maneras de obtener resultados beneficiosos, somos increíblemente propensos a actuar de un modo que aumente las probabilidades de que las consecuencias de lo que hacemos sean positivas.

Esta idea es muy similar a la doctrina hedonista, pero incluye algunos matices interesantes. Por un lado, sustituye la idea de que nos movemos buscando sensaciones por la idea de que nos movemos buscando resultados. Esto significa, por ejemplo, que dichos resultados no tienen por qué ir acompañados de placer, ya que lo que importa no es la sensación en sí sino el modo en el que las consecuencias de lo que hacemos tienen una repercusión en nuestro organismo, incluyendo en esta categoría nuestro sistema nervioso y todo lo que ocurre en él. Esto sirve para introducir la idea de que los procesos que guían nuestro comportamiento pueden ser inconscientes. Pero, además, incluye la discriminación entre aspectos de la conducta moldeados por la evolución y otros que dependen del aprendizaje y varían según el contexto.

Esta distinción hizo que a inicios del siglo xx muchos psicólogos sostuvieran que gran parte de la conducta humana está compuesta por instintos. Así, era frecuente hacer que todo tipo de acciones se encuadrasen dentro de un tipo de instinto. Todavía hoy es habitual oír hablar sobre el instinto maternal o la necesidad de responder a instintos básicos. También es común decir que cierta característica psicológica «forma parte de nuestra naturaleza». Este tipo de ideas no sólo tratan acerca de lo comunes que son

DATO CURIOSO

A pesar de que somos mucho más impredecibles que el resto de los animales, muchos de los comportamientos de los seres humanos pueden entrar dentro de la definición de instinto. Algunos de estos instintos aparecen, incluso, ya en el vientre materno. Uno de ellos, por ejemplo, es el responsable de que el feto se coloque cabeza abajo las semanas o días previos al momento del nacimiento para poder encajar su cráneo en la pelvis de la madre y adoptar una postura que le permita pasar con más facilidad a través de ella. Otro ejemplo de comportamiento instintivo es la llamada «sonrisa social», que aparece en los bebés a partir del segundo o tercer mes después del nacimiento. Este tipo de sonrisa constituye una respuesta instintiva que se da principalmente ante la presencia del padre o la madre. La sonrisa social no se produce por imitación, ya que está presente incluso en bebés ciegos que nunca han visto sonreír a nadie. Además, en ella está involucrado un músculo llamado *orbicularis oculi*, encargado de que los ojos acompañen el gesto de los labios, que no puede contraerse voluntariamente.

ciertas conductas; también queda implícito en ellas que estamos diseñados para responder de un modo determinado ante algunas situaciones, que la naturaleza ha hecho que no tengamos otra alternativa. Ahora bien, ¿hasta qué punto es cierto que nuestro comportamiento está guiado por los instintos?

Un instinto puede definirse como un comportamiento innato y estereotipado compartido por todos los miembros de una especie. Se trata de una conducta rígida y fácilmente reconocible que no admite demasiadas variantes. Suele aparecer en etapas clave del desarrollo o justo después del nacimiento, y no es fruto de un proceso de aprendizaje. Los instintos se han documentado originariamente en animales, razón por la cual suelen utilizarse casos de peces, lagartos, aves, etc., para explicarlos.

Por ejemplo, puede entenderse como un instinto la parada nupcial de algunos lagartos macho que extienden sus crestas y agitan la cabeza para atraer a las hembras, aunque nunca hayan visto realizar este ritual a otro miembro de su especie. Del mismo modo, muchos peces tienen una respuesta motora instantánea cuando ven a un depredador: dan un coletazo y se colocan apuntando en la dirección contraria, siempre con el mismo tiempo de reacción.

Los miembros de la especie humana compartimos muchas características de nuestro comportamiento, pero no se puede decir que actuemos cumpliendo las características de esta definición de lo que es un instinto. Nuestros actos no son predecibles y estereotipados, y casi todo lo que hacemos es fruto del aprendizaje. Casi todos corremos cuando advertimos un peligro, pero no porque tengamos esta conducta codificada en nuestros circuitos neuronales desde que nacemos, sino porque hemos aprendido que no hacerlo nos puede traer problemas. Incluso muchas de las conductas que presentamos pocos días después de nacer son aprendidas, como el hecho de entrar en un estado de excitación cuando escuchamos la voz de nuestra madre. Lo hacemos porque hemos ido aprendiendo a reconocer su tono de voz y a interactuar con ella desde antes de nacer.

¿PARA QUÉ SIRVEN LAS EMOCIONES?

Como el comportamiento humano se caracteriza por ser flexible y por basarse en el aprendizaje de las experiencias pasadas, aquello que hace que persigamos distintos objetivos a lo largo de nuestra trayectoria vital debe basarse también en el aprendizaje. Por eso, a diferencia de otras formas de vida que actúan por instinto, los seres humanos tenemos una relativa libertad a la hora de interpretar por nosotros mismos aquello que nos hace falta y buscar soluciones creativas para satisfacer estas necesidades. Es decir, que somos capaces de tener motivaciones que nos lleven a desarrollar diferentes planes para una misma necesidad. Sin embargo, no tenemos una libertad absoluta, ya que seguimos condicionados por nuestros motivos para actuar y por nuestras necesidades, algo lógico por otra parte, porque de lo contrario nuestras acciones estarían totalmente desligadas de aquello que necesita nuestro organismo para poder mantener un buen funcionamiento. Ésta es la razón por la que, aunque nuestra conducta no está regida por instintos, sí sigue los patrones que dicta una parte ancestral de nuestro sistema nervioso. Estas redes neuronales son las encargadas de hacer que experimentemos emociones.

Las emociones forman parte de una respuesta a uno o varios estímulos que nos permite descartar ciertos objetivos y escoger otros. La respuesta emocional se caracteriza por tener un componente subjetivo, algo que se experimenta y que no podemos compartir con los demás, como el asco, el miedo, etc. Como una emoción nos interpela siempre a nosotros y no puede ser ignorada o cedida a otra persona, hace que no podamos eludir la necesidad de reaccionar ante ella; de ahí que sea un desencadenante de acciones.

Sabemos que las reacciones emocionales están relacionadas con el sistema límbico, que como vimos forma parte de la corteza cerebral, aunque en realidad se extiende por muchas otras zonas del encéfalo. El sistema límbico tiene una influencia potentísima sobre todo nuestro organismo, ya que por un lado hace que se segreguen hormonas que llegarán a los órganos a través del torrente sanguíneo, y por el otro afecta a nuestra manera de pensar y de percibir las cosas. En este sentido, uno de los componentes más importantes del sistema límbico es la amígdala, un conjunto de estructuras que conforman la que podríamos denominar primera parada que hace la información sensorial cuando llega al sistema límbico (recordemos que el sistema límbico es algo así como «el cerebro emocional»). La amígdala es la responsable de que toda la información que nos llega a través de los sentidos o de recuerdos acerca de experiencias pasadas tenga adjunta una carga emocional de la que no se puede separar. La carga emocional da pie a que valoremos la información a la que va «enganchada», haciendo de este modo que rápidamente saquemos conclusiones acerca de si los hechos a los que aluden estos datos son buenos o malos y, por lo tanto, nos posicionemos ante ellos. Por ejemplo, cuando vemos algo que acostumbramos a asociar al miedo o al peligro, la información visual llega al cerebro a través de la corteza visual, de ahí pasa a la amígdala, y ésta activa todos los protocolos para prepararse ante una amenaza: desde la orden de que ciertos tejidos produzcan hormonas que nos mantengan alerta y nos preparen para el ejercicio físico, hasta la estimulación de circuitos de neuronas que provocan la contracción de grupos musculares.

Por lo tanto, desde la perspectiva del conductismo, la amígdala nos permite reconocer refuerzos innatos, como el sabor de algo dulce, y refuerzos secundarios, que hemos asociado a un refuerzo primario mediante asociación, como un cartel en el que podemos ver representada una versión idealizada e hipercolorista de un pastel. La respuesta emocional ante estímulos es el recurso que tienen muchas especies animales para hacer lo que les conviene cuando toca, a pesar de no tener la capacidad para razonar e imaginar las consecuencias de sus actos tal y como lo hacemos nosotros. Los seres humanos, a pesar de haber desarrollado ciertas habilidades cognitivas impresionantes, seguimos dependiendo de las emociones para valorar en cada momento aquello que nos ocurre, sin necesidad de teorizar demasiado sobre eso.

Lamentablemente, a pesar de la importancia de las emociones, seguimos sin saber exactamente cómo se originan y de qué manera conducen al establecimiento de necesidades que tienen que ser atendidas. Por ejemplo, aunque parezca evidente que cuando lloramos lo hacemos porque estamos tristes, a falta de pruebas que indiquen lo contrario también podríamos decir que estamos tristes porque lloramos. Esto es más o menos lo que propusieron hace décadas William James y otro psicólogo llamado Carl Lange, según los cuales lo que produce las emociones son los estados fisiológicos, y no a la inversa. Así, según la llamada teoría de James-Lange, la respuesta emocional sería producto de un proceso que ya se ha puesto en marcha instantes antes de que reconozcamos la emoción. Esta hipótesis fue muy criticada por otro psicólogo llamado Walter Cannon, según el cual las emociones aparecen al mismo tiempo que la respuesta fisiológica, porque ambos fenómenos son fruto de dos procesos distintos e independientes el uno del otro. Según esta teoría, empezamos a tener miedo en el mismo instante en el que varios tejidos de nuestro cuerpo reaccionan ante un estado de excitación general. A día de hoy, el debate sobre esta cuestión continúa.

LAS EMOCIONES BÁSICAS

Las emociones se experimentan en primera persona, pero aunque no puedan compartirse, también forman parte de la comunicación. De hecho, tienen un papel importantísimo en ella: se expresan a través de nuestros gestos automáticamente, y nuestro interlocutor no tiene que esforzarse en absoluto por hacerse una idea acerca de lo que estamos viviendo interiormente. Esto ha hecho que algunos investigadores se hayan propuesto saber si existen emociones básicas y universales que puedan ser expresadas de la misma manera, independientemente de la persona y la situación.

Clasificar las emociones puede resultar algo complicado, ya que por su propia naturaleza éstas son subjetivas y difíciles de acotar y diferenciar. Sin embargo, no tiene por qué ser imposible, siempre que se utilicen criterios razonables para crear las categorías. En general, para saber si un tipo de emoción es universal o no, los investigadores se fijan en si están asociadas a una expresión facial determinada, si ésta se presenta también en primates no humanos y en todas las culturas, y si tiene una ventaja que nos ayude a sobrevivir. El hecho de tener que cumplir estos requisitos reduce enormemente la lista de posibles emociones inscritas en nuestro ADN, pero sí se han encontrado algunas que parecen cumplir con todos ellos.

El investigador que más ha influido en la teorización de emociones universales probablemente sea Paul Ekman. Este psicólogo estadounidense creía que, debido al enorme poder que ejercen las emociones sobre nuestras acciones, lo lógico sería que la selección natural les hubiera dado forma para hacer que nos resulten útiles, que puedan ser transmitidas a los descendientes y, por lo tanto, terminen por estar presentes en todas las poblaciones. Para poner a prueba esta idea, contactó con personas pertenecientes a tribus aisladas y les enseñó fotografías en las que se mostraban distintas expresiones faciales. Ekman observó que muchas expresiones eran reconocidas también por estas sociedades aisladas, y a partir de ahí concluyó que puede establecerse una categorización de emociones básicas que incluye la felicidad, la ira, la alegría, el miedo, el asco y la sorpresa.

LAS EMOCIONES BÁSICAS SEGÚN PAUL EKMAN

FELICIDAD   IRA   ALEGRÍA   MIEDO   ASCO   SORPRESA

A pesar de que esta hipótesis de las seis emociones básicas ha sido reforzada por investigaciones posteriores, merece la pena recordar que las conclusiones que se pueden extraer de estos estudios son limitadas. A fin de cuentas, que existan una serie de patrones gestuales involuntarios no cambia el hecho de que las emociones que experimentamos tengan infinitos matices.

DATO CURIOSO

En sus estudios sobre la expresión de las emociones mediante los gestos, Ekman ha descubierto que éstas son generadas por la acción de 43 músculos faciales y que se pueden esbozar cerca de tres mil microexpresiones involuntarias. Este psicólogo también ha investigado acerca de cómo tendemos a evitar que nuestros gestos delaten lo que pensamos y cómo podemos interpretar estas expresiones para saber cuándo alguien nos está mintiendo. La serie de televisión *Miénteme*, protagonizada por Tim Roth, se basa en sus trabajos y, de hecho, el propio Ekman participó como asesor técnico y científico en la producción de la misma. En ella, un equipo de investigadores resuelven crímenes detectando mentiras a través de la interpretación de los gestos producidos por los múltiples músculos de la cara. Al igual que el protagonista de la serie, Ekman colabora con el FBI y la CIA en sus investigaciones analizando los signos no verbales de la mentira.

MOTIVACIÓN INTRÍNSECA Y EXTRÍNSECA

Cuando hablamos sobre el modo en el que factores externos (tales como los elementos del ambiente con los que nos relacionamos) y los internos (como las emociones y los aspectos fisiológicos que nos hacen entrar en estados de tensión y agitación) se combinan para dar paso a conductas generadas por la aparición de necesidades, nos estamos refiriendo a la motivación que nos lleva a realizar ciertas acciones. La motivación puede definirse como el proceso en el que se canalizan motivos y deseos mediante la conceptualización de metas y la elaboración de planes para llegar a éstas. Ahora bien, como éste es un concepto que hace referencia a estados internos de nuestra psique, puede resultar demasiado general para «traducirse» a casos reales estudiados por la psicología aplicada. Esto ha hecho que se hayan realizado esfuerzos por acotar más lo que se entiende por motivación, en algunos casos creando subcategorías. Una de las clasificaciones que más impacto ha tenido es la que hace referencia a las motivaciones intrínsecas y a las extrínsecas.

Mientras que los psicoanalistas más ortodoxos sostienen que la base del motor de la motivación es la satisfacción de las pulsiones innatas y los conductistas ponen énfasis en la consecuencia de las conductas aprendidas, otros psicólogos creen que la motivación no tiene por qué derivarse sólo de los resultados de nuestras acciones: también puede basarse en la actividad en sí misma, la experiencia de estar haciendo algo. Según esta óptica, aquello que nos motiva no tiene por qué estar relacionado con la consecución de un objetivo concreto y localizable en el entorno físico (alimento, una entrevista de trabajo, etc.), ya que muchas experiencias son valiosas en sí mismas. De este modo, se han definido dos tipos de motivación: la intrínseca y la extrínseca. La motivación intrínseca es aquella que impulsa acciones con las que se persigue el objetivo de pasar por una experiencia concreta, mientras que la extrínseca se deriva de las consecuencias objetivas que están asociadas con la realización de una acción o sucesión de acciones. Aunque estos conceptos son difícilmente trasladables a experimentos concretos para saber en qué medida uno u otro tipo de motivación está detrás de una conducta, como ejemplo diremos que el hecho de tirarse en paracaídas puede entenderse fácilmente como ejemplo de acción promovida por la motivación intrínseca, mientras que tirarse en paracaídas para poder colgar en las redes sociales fotos y vídeos del salto y ganar popularidad gracias a ellas sería un ejemplo de motivación extrínseca. Diferentes tipos de necesidades generan distintas clases de motivación.

Las nociones de motivación intrínseca y extrínseca se han utilizado mucho en la psicología del trabajo y de las organizaciones, ya que se entiende que si lo que impulsa el rendimiento de los trabajadores es el primer tipo de motivación, a la larga todas las partes involucradas en el desempeño de ese trabajo pueden salir beneficiadas. Las personas que trabajan para conseguir metas que tienen que ver con el desempeño de su actividad en sí y no tanto por las recompensas extrínsecas como las pagas o los premios necesitarán menos supervisión y se involucrarán más y mejor en lo que hacen, lo cual resulta positivo tanto para ellas mismas como para el resto de los agentes que necesitan que el primero realice su trabajo. Aunque, insistimos, es muy difícil saber si algo se hace por motivación extrínseca o intrínseca, y por lo tanto no se puede asegurar que esta norma se cumpla.

EL CONTROL DE LOS IMPULSOS

Hemos visto que el hecho de que nos movamos hacia ciertas metas tiene mucho que ver con el modo en el que aprendemos a partir de nuestra interacción con el entorno y con la carga emocional que acompaña a estos aprendizajes. Sin embargo, creer que simplemente reaccionamos ante emociones puede darnos una visión demasiado simplista acerca de cómo nos comportamos. A fin de cuentas, no hay una sola manera de experimentar las emociones ni éstas son generadas siempre por el mismo tipo de estímulos. A diferencia del resto de los animales, los seres humanos tenemos la capacidad de pensar acerca de lo que sentimos y actuar en consecuencia.

Los cambios fisiológicos y las emociones existen en una gran variedad de seres vivos, pero los miembros de nuestra especie, además, somos capaces de pensar en nuestra dimensión emocional y crear nuevos conceptos a partir de ellos. Los deseos que están en la base de la existencia de las motivaciones pueden ser de naturaleza claramente biológica, como la aparición de un estado corporal que genera la necesidad de beber agua, comer o mantener relaciones sexuales, o pueden tener que ver más bien con el modo en el que pensamos en nosotros mismos y cuáles son nuestras necesidades. Dicho de otro modo, pueden tener más que ver con mecanismos neurobiológicos que han ido moldeándose tras millones de años de evolución, pero en muchos casos se entienden mejor si tenemos en cuenta aquello que hemos aprendido sobre cómo debemos pensar en nuestras necesidades, cuál es la mejor manera de enfocar nuestros problemas y qué métodos son los más adecuados para conseguir nuestros objetivos, según lo que hemos vivido en experiencias anteriores.

Cuando hablamos sobre los motivos que nos llevan a hacer

algo, debemos tener en cuenta que nuestras necesidades, por mucho que puedan tener un origen biológico muy concreto, cobran la forma que les damos a través de nuestra manera de pensar en ellas. Los psicólogos cognitivos sostienen que cuando hablamos sobre aquello que nos motiva, estamos hablando no sólo sobre un proceso que tiene que ver con la realización de acciones para conseguir un objetivo concreto, sino también acerca de nuestra manera de mapear conceptualmente la idea de lo que debemos satisfacer y de qué modo puede satisfacerse. Aprendemos a satisfacer necesidades biológicas, pero también aprendemos a identificar estas necesidades y a conceptualizarlas a nuestra manera, dependiendo de factores como nuestra personalidad, los valores éticos que nos guían, nuestra ideología, etc. Esto hace que aparezcan necesidades relacionadas con conceptos muy abstractos, que apelan a nuestra autoimagen e incluso a nuestro papel en la sociedad.

Ahora bien, por todo lo dicho parece que los seres humanos actuemos según lo que nos hace sentir aquello que percibimos en un momento dado, dejándonos llevar por arrebatos repentinos. Si todo depende de la carga emocional que la amígdala asigna a aquello que vamos percibiendo, es fácil suponer que todo lo que hacemos responde a los sentimientos que nos generan los estímulos que nos llegan desde el entorno en un momento determinado, pero sabemos por experiencia que eso no es siempre así: somos capaces de actuar por convicción, seguir reglas incluso en contextos en los que nos tientan opciones mucho más satisfactorias a corto plazo, e incluso podemos llegar a sacrificarnos por los demás. Y todo esto a pesar de que las recompensas son más atractivas si se pueden alcanzar en el presente. Entonces, ¿por qué actuamos guiándonos por objetivos y recompensas que no tienen demasiado que ver con el aquí y el ahora?

Esto se debe a que la motivación no se basa en un mecanismo de causas y efectos que vayan en una sola dirección, de la amígdala hacia el resto del encéfalo; recordemos que en nuestro sistema nervioso todo está muy interconectado y se pueden dar simultáneamente varios procesos. Esto significa que hay otros procesos mentales que contrarrestan los impulsos que nos llegan del sistema límbico y evitan que nos rindamos ante «la emoción del momento». Y, justo encima de la zona en la que está la amígdala, hay una región del encéfalo que se encarga de atenuar el poder que tiene el sistema límbico sobre el cerebro. Esta zona es la corteza prefrontal orbitofrontal y ventromedial, ubicada en la parte inferior del prefrontal y cerca de las órbitas de los ojos, y a través de la cual se hacen valer los objetivos a medio y largo plazo cuyo cumplimiento depende de no sucumbir a los arrebatos más viscerales. Digamos que si a través del sistema límbico asciende hacia el cerebro un flujo de información acerca de una tarrina de helado con generosas cantidades de azúcar, en la región prefrontal orbitofrontal y ventromedial aparece un patrón de activación neuronal para el control de impulsos, relacionado con los objetivos a largo plazo de mantenerse saludable, ahorrar, etc. Del mismo modo, los valores éticos, las normas sociales o las promesas guardan mucha relación con esta zona del cerebro, hasta el punto de que si esta última queda lesionada o empieza a funcionar de manera extraña, hay muchas posibilidades de que la persona en cuestión se muestre más irritable, desinhibida y emocionalmente inestable, o que manifieste comportamientos más temerarios y viole con mayor frecuencia las normas sociales sin sentir culpa por ello. El motivo será, probablemente, que sus objetivos a largo plazo y sus motivaciones abstractas y sin relación con la rápida satisfacción de necesidades no tendrán tanta fuerza para contrarrestar los efectos de los impulsos inmediatos.

DATO CURIOSO

Uno de los ejemplos más famosos y recurrentes que se utiliza para ilustrar la relación entre la corteza prefrontal y el control de los impulsos es el caso de Phineas Gage, un obrero estadounidense que sufrió una importante lesión cerebral en 1848, mientras trabajaba en la construcción de una línea de ferrocarril al sur del estado de Vermont. A consecuencia de una explosión, una barra de metal salió disparada y le atravesó el cráneo: la barra impactó en la mejilla izquierda de Gage en dirección ascendente y salió por la parte superior de la cabeza, cerca de la frente y desviada hacia el lado derecho, antes de aterrizar unos metros más allá. Le había atravesado el lóbulo frontal de abajo arriba.

Pero Gage no sólo no murió tras el accidente, sino que al parecer mantuvo la consciencia en todo momento. Unas semanas más tarde, y gracias a los cuidados de su médico, se había recuperado casi totalmente y conservaba todas sus facultades mentales. Sin embargo, al parecer la personalidad de Gage cambió drásticamente después de su accidente. Antes de que éste ocurriera, se le consideraba un hombre responsable, equilibrado, sensato, prudente, eficiente y capaz; sin embargo, tras la lesión empezó a presentar un comportamiento mucho más temerario, se enfadaba con facilidad y se mostraba mucho menos considerado con los demás. A consecuencia de ello mantuvo constantes riñas con sus compañeros y acabó perdiendo su puesto de trabajo en el ferrocarril. A pesar de que tener el rostro desfigurado pudiera influirle negativamente, parece ser que la alteración del lóbulo prefrontal de Gage fue la causa principal de estos cambios de comportamiento. El caso de Gage está considerado como una de las primeras pruebas científicas de la relación existente entre una lesión en el lóbulo prefrontal y la alteración de la personalidad. Actualmente, tanto el cráneo de Gage como la barra de hierro que lo atravesó se conservan en el museo de medicina de la Universidad de Harvard.

Esto tiene bastante sentido si tenemos en cuenta que es en las áreas de asociación de la corteza cerebral donde se llevan a cabo los procesos mentales que tienen que ver con la plasmación de conceptos abstractos como la salud, el bien o lo correcto, y que la corteza prefrontal, además de estar muy bien conectada a estas áreas, tiene un papel importantísimo en el inicio de acciones voluntarias que nos pueden acercar o alejar de los objetivos relacionados con estos conceptos. Por lo tanto, mientras que ciertas neuronas del prefrontal llevan información acerca de los objetivos abstractos y las recompensas a largo plazo, su región inferior del área prefrontal orbitofrontal y ventromedial contrarresta las señales que suben desde el sistema límbico para que no interfieran demasiado en la planificación de determinadas acciones. En el caso de los psicópatas, éstos tienden a mostrar una menor activación en esa parte inferior del prefrontal y tienen más problemas a la hora de reprimir arrebatos emocionales.

LA PIRÁMIDE DE MASLOW: JERARQUÍA DE NECESIDADES

La idea de que la complejidad de las necesidades puede haber ido desarrollándose al mismo ritmo en el que los seres humanos hemos ido conquistando la capacidad para pensar en conceptos abstractos ha abierto un filón que puede ser abordado por la psicología: el estudio de las necesidades que tienen que ver con la realización personal, el acceso a objetivos abstractos y con gran significado personal. Éste es un tema que ha recibido una gran atención por parte de la psicología humanista, un enfoque nacido a finales de los años cincuenta en parte como reacción a las dos corrientes predominantes en aquella época: el psicoanálisis y el conductismo.

Los psicólogos humanistas, que se hacían llamar «la Tercera Fuerza» como reacción a las dos corrientes predominantes en aquella época, criticaban la tendencia de los conductistas a considerar que la conducta humana es una cadena de reflejos y su negación a la idea de que la voluntad o las inquietudes vitales de las personas tengan interés para la psicología, mientras que a los psicoanalistas les reprochaban su visión pesimista sobre el ser humano, al considerarlo un rehén de la guerra entre fuerzas psíquicas enfrentadas y centrarse en las patologías mentales.

Los psicólogos humanistas no trabajaban a partir de una serie de teorías comunes, y por eso puede entenderse que más que una corriente de psicología eran un grupo de investigadores con una perspectiva filosófica parecida y unos intereses en común, pero en general ponían el énfasis en la validez de las experiencias personales y subjetivas como fuente de conocimiento para la psicología, defendían la idea de que cada persona es el motor de su propio cambio (y no su terapeuta) y que la psicología debía investigar formas de acceder a la felicidad y generar pautas de desarrollo personal. Es por eso por lo que, aunque las propuestas de los psicólogos humanistas no han tenido muy buena acogida en los círculos de psicología científica por su enfoque espiritual y filosófico, algunas de sus ideas sí se han implantado en la cultura popular y empresarial de muchos países. Al fin y al cabo, muchas de las ideas de los abanderados de la Tercera Fuerza hablan sobre temas universales que generan mucho interés, como el modo en el que se deben afrontar los retos o, como veremos ahora, el modo en el que se puede motivar a las personas, ya sean alumnos, trabajadores o uno mismo.

El psicólogo humanista más conocido por su trabajo acerca del modo en el que las necesidades pueden ir desde lo puramente biológico hasta lo más abstracto es Abraham Maslow.

Maslow pensaba que las personas tienen un gran potencial que no siempre aprovechan por no saber identificar aquello que les satisface y que puede motivar al individuo para desarrollarse como persona. Esta convicción hizo que pasase muchos años de su vida investigando sobre la motivación humana, las necesidades de autorrealización y su relación con el bienestar de los individuos.

Así, Maslow estudió la personalidad de distintas personas que consideró sanas, creativas y productivas, incluyendo, entre otros, a Albert Einstein, Eleanor Roosevelt o Abraham Lincoln. Encontró que estos personajes compartían características similares, como que eran personas abiertas, espontáneas, creativas, compasivas y que se aceptaban a sí mismas.

Con los datos que recopiló elaboró su teoría de la jerarquía de las necesidades humanas, la famosa «Pirámide de Maslow», en la cual propone que los seres humanos tenemos ciertas necesidades que debemos satisfacer en un orden determinado. Estas necesidades van desde las puramente fisiológicas, básicas para la supervivencia, hasta las necesidades de autorrealización y trascendencia de nivel superior. La Teoría de la Jerarquía de las Necesidades de Maslow se suele representar visualmente como una pirámide, en la que las necesidades fisiológicas se encuentran en la base, y las necesidades de autorrealización están situadas en la parte superior. La pirámide tiene cinco niveles, y las necesidades de cada nivel deben satisfacerse antes de pasar a las del rango inmediatamente superior a lo largo de un proceso que continúa durante toda la vida. De este modo, cada persona puede estar ubicada en uno u otro escalón de la jerarquía de necesidades, y eso determinará qué naturaleza deben tener sus fuentes de motivación.

Además, Maslow distingue dos tipos de necesidades. Las necesidades «deficitarias», que son los cuatro niveles que se encuentran más abajo en la pirámide (fisiológicas, de seguridad, sociales o de afiliación y de reconocimiento o estima) y las necesidades del «desarrollo del ser» (autorrealización). Éstas se diferencian porque las «deficitarias» tienen relación con una carencia, y deben satisfacerse para que la persona pueda aspirar a la satisfacción de las necesidades de crecimiento. Por otro lado, las necesidades de «desarrollo del ser» son aquellas que tienen que ver con el quehacer del individuo y son importantes para el crecimiento personal.

Es decir, que tienen que ver con el deseo de crecer como persona y no con el déficit de algo.

LA PIRÁMIDE DE LAS NECESIDADES DE MASLOW

Abraham Maslow pensó que el cumplimiento con éxito de cada nivel de la pirámide de las necesidades es vital en el desarrollo de la personalidad. Según él, la adquisición de las necesidades de autorrealización representa el máximo logro y el pleno desarrollo del propio potencial, y afirmó que cada uno de nosotros tiene un propósito individual para el que está dotado; el camino hacia la plenitud y la realización personal consistiría en identificar y perseguir este propósito. Sin embargo, parte de este optimismo vital de Maslow podría deberse a que centró su investigación básicamente en personas occidentales de clase acomodada o directamente famosas, lo cual supone limitar mucho la perspectiva. De hecho, es muy cuestionable que en colectivos de otras culturas o empobrecidos, las personas no puedan aspirar a satisfacer necesidades de rango alto sin tener cubiertas las necesidades de déficit.

EL RELEVO DE LA PSICOLOGÍA POSITIVA

Aunque la psicología humanista ha estado más presente en la aplicación de métodos de motivación y de psicoterapia que en la publicación de artículos científicos, recientemente ha aparecido una perspectiva que pretende introducir los temas propios de la Tercera Fuerza en la investigación científica para generar conocimiento acerca de todas las facetas de la vida y aquello que está relacionado con la felicidad y el bienestar entendidos en un sentido amplio. Esta corriente se llama psicología positiva, y fue impulsada por Martin Seligman. Como ocurre con la psicología humanista, no puede decirse que los psicólogos positivos formen parte de una corriente con teorías, objetos de estudio y modelos explicativos propios, ya que en la práctica adoptan los presupuestos fundamentales de la psicología cognitiva. Sin embargo, en vez de investigar sobre la enfermedad, la carencia de bienestar y los déficits de capacidades, enfatizan la necesidad de generar conocimiento acerca de cualidades positivas para que la psicología resulte útil en todos los aspectos.

Uno de los conceptos más importantes para los psicólogos positivos es el de *flow*, o flujo. Éste fue propuesto por Mihály Csíkszentmihályi, y sirve para referirse al estado placentero y de máxima concentración en el que entramos cuando estamos haciendo algo que nos apasiona hasta el punto de llegar a una especie de éxtasis en el que perdemos la noción del tiempo. La clave para pasar por estas experiencias en las que el placer y la productividad se retroalimentan está, según Csíkszentmihályi, en un equilibrio perfecto entre la dificultad de la tarea y la capacidad del individuo para realizarla. El concepto de *flow* proporciona una referencia para estimar el grado óptimo de dificultad y de entrenamiento que es necesario para que los seres humanos se vean motivados por tareas concretas.

MEMORIA Y CREACIÓN DE CONCEPTOS

CÓMO NOS TRANSFORMAN LAS EXPERIENCIAS

8

Hemos visto que, además de clasificar los distintos tipos de psicología en corrientes como la conductista o la cognitiva, es posible distinguir entre una psicología que pone más énfasis en los aspectos biológicos y otra que se centra en los fenómenos colectivos, la cultura y el medio social en el que vivimos. Sin embargo, ésta es una distinción de grado muy relativa, ya que en todos los seres humanos influyen aspectos biológicos y otros que se encuentran más allá de su cuerpo, en las costumbres del país que se habita, los grupos de amigos que se frecuentan, los productos audiovisuales que se consumen, etc. En definitiva, toda nuestra vida y nuestra identidad se construyen a partir de las interacciones que mantenemos con nuestras circunstancias. Donde mejor se observa esto es en los procesos de aprendizaje, que en esencia pueden entenderse como el modo en el que nuestra interacción con el medio nos hace cambiar. Tanto la dimensión biopsicológica como la psicosocial quedan ligadas en nuestra manera de memorizar información, generar conceptos e interiorizar los patrones de conducta.

En este capítulo veremos algunas teorías básicas acerca de cómo nos transforman las experiencias que vivimos y el modo en el que interiorizamos conocimientos. Comenzaremos hablando sobre la naturaleza del conocimiento y los conceptos con los que pensamos.

LA NEURONA «JENNIFER ANISTON»

Ya hemos visto que podemos relacionar las zonas más bajas del sistema nervioso con el procesamiento de datos «en bruto» que llegan de los sentidos, mientras que la superficie del encéfalo, en el que encontramos el cerebro, se encarga más bien de trabajar a partir de procesos cognitivos que tienen que ver con el procesamiento de estos datos para crear nueva información, conceptos abstractos e ideas relacionadas con la planificación de acciones futuras. Pero ¿qué son exactamente esos conceptos con los que trabaja el cerebro? ¿Es información codificada y almacenada en ciertas partes del encéfalo al estilo de la memoria de los ordenadores, o hay algo más complicado en juego?

En las intervenciones quirúrgicas realizadas en el cerebro de algún paciente es frecuente utilizar anestesia local para realizar el corte en el cráneo y la operación mientras la persona está consciente. Esto permite hacer pruebas exploratorias que evitan que durante la intervención se lesionen otras partes del encéfalo que pueden ser muy importantes para ese paciente en concreto, ya que, recordemos, cada cerebro es único.

Hace unos años, mientras realizaba una operación de este tipo, un neurocirujano llamado Itzhak Fried se dio cuenta de que una neurona concreta situada en el lóbulo temporal del cerebro del paciente se activaba automáticamente cada vez que éste veía una imagen de la actriz Jennifer Aniston. Este hecho en sí no resulta extraño, porque ante el mismo estímulo visual presentado varias veces seguidas es normal que un buen número de células nerviosas manden impulsos: simplemente, reaccionan de manera más o menos estable ante una imagen que no cambia. Sin embargo, esa neurona específica no reaccionaba ante la imagen en sí; parecía activarse, concretamente, ante las representaciones de

Jennifer Aniston, es decir, ante cualquier fotografía de la actriz. Esto hacía difícil de aceptar la explicación de que la neurona se activaba ante un patrón de colores presente en la primera fotografía, una postura corporal determinada o cualquier otra propiedad simple de la imagen. Era algo así como una «neurona de concepto» que no emitía señales del mismo modo cuando el paciente veía otras fotos en las que no apareciera la actriz. A partir de ese momento se empezaron a encontrar otras neuronas que se comportaban de manera parecida ante conceptos específicos. Se comprobó, por ejemplo, que otra célula nerviosa se activaba ante la visión de distintas fotografías de Halle Berry, su nombre y una caricatura, mientras que no lo hacía cuando se presentaban decenas de otras imágenes relacionadas con otras personas, paisajes conocidos o animales.

Este tipo de experiencias han reforzado la creencia de que cada uno de los conocimientos y los conceptos que interiorizamos corresponden a neuronas y grupos de neuronas concretas que siempre se activan cuando pensamos en la idea que está asociada a estas unidades. Así, neuronas ubicadas en la zona que ocupa el hipocampo podrían servir para albergar representaciones de personas, lugares o incluso objetos determinados. De ahí podríamos deducir que cada persona tiene una serie de neuronas que se activan de manera específica cuando se piensa en alguien conocido, en un recuerdo específico, etc.

A partir de esta idea, por ejemplo, se ha defendido que la representación de Jennifer Aniston tiene que estar situada en unas pocas neuronas que siempre se activan cuando reciben señales de otras células que responden ante estímulos concretos asociados al concepto de «jenniferanistonidad». Es decir, que la representación se produce mediante una reacción en cadena de neuronas que representan diferentes características del concepto y que mandan señales a células nerviosas encargadas de representar algo más abstracto que ellas. Esta jerarquización explicaría por qué diferentes estímulos pueden provocar que pensemos, por ejemplo, en una persona conocida. Simplemente, se ha activado una neurona en la cima de una pirámide de representaciones que cuanto más abstractas son, más arriba están situadas.

ACTIVANDO LOS RECUERDOS

La que hemos visto es una visión reduccionista acerca del funcionamiento de los procesos mentales, porque asocia piezas concretas del cerebro a conceptos específicos y abstractos. Sin embargo, hay otro grupo de teorías que se oponen a este reduccionismo y defienden la idea de que los conceptos no son algo asociado a neuronas concretas, sino a patrones de activación de redes neuronales distribuidas por todo el encéfalo. Es decir, que el fundamento biológico de los conocimientos específicos no son células nerviosas específicas, sino distintas maneras de generar impulsos nerviosos que afectan a varias neuronas. Los recuerdos no serían tanto las neuronas como el modo en el que se relacionan a través de reacciones en cadena.

Según este punto de vista basado en los patrones de conectividad neuronal, los tipos de conocimiento y memoria (o al menos, la faceta más abstracta de éstos que tiene lugar en la corteza de asociación) no estarían separados y clasificados a lo largo de distintas zonas del cerebro, sino que son difusos y cambian constantemente, ya que forman parte de la actividad en tiempo real que se produce con el intercambio de información de las neuronas. Para entender mejor esta idea recurriremos al concepto de *cógnito* utilizado por el neurocientífico Joaquín M. Fuster.

Un cógnito es una red de neuronas y, a la vez, una unidad de conocimiento basado en ideas abstractas o recuerdos (cualquier idea abstracta o pieza de conocimiento es, en realidad, un tipo de recuerdo). Pero, aunque sea una red de células nerviosas, no es ese grupo de neuronas en sí, sino el modo en el que éstas se han ensamblado y se estimulan entre ellas formando un patrón de activación. Los cógnitos pueden consistir en recuerdos específicos basados en lo que se ha vivido, o pueden ser conceptos abstractos que hagan referencia a algo no relacionado con las experiencias pasadas concretas, como la idea de «Rusia». Además, presentan una gran variedad de tamaños y pueden contenerse los unos a los otros, solaparse y activarse en cadena. Así, el cógnito «nariz roja» puede estar solapado con el cógnito «resfriado» o con el de «payaso», y éstos a la vez comparten espacio con otros. Todo esto hace que sea muy difícil localizar y aislar un cógnito para estudiarlo; de hecho, separarlo del resto del cerebro sería ir contra su naturaleza como fenómeno basado en las interconexiones neuronales.

Pero hay algo que lo complica todo aún más. Como los cógnitos son patrones de interconexión y no células concretas, en ellos no es posible distinguir entre un recipiente de recuerdos y los recuerdos en sí. En nuestro cerebro no hay «recipientes» esperando a ser rellenados con conocimientos; como un cógnito es a la vez una red de neuronas y el patrón de activación que se genera en ellas, no tiene sentido hablar sobre una distinción entre continente y contenido. Y, como los patrones de activación siempre están variando, la conclusión lógica a la que se llega es que nuestros recuerdos también están cambiando constantemente.

Pero si no hay un «recipiente de recuerdos» esperando a ser llenado con contenidos, ¿cómo quedan fijados los recuerdos o cógnitos? La explicación a esta pregunta fue propuesta a mediados del siglo xx por Donald Hebb, uno de los padres de la neuropsicología. Según Hebb, cada experiencia mental está producida por el hecho de que en nuestro sistema nervioso hay grupos de neuronas que se están mandando más señales entre ellas que con el resto. Esto significa que cuando vemos un cuadro o recordamos una puesta de sol, por ejemplo, en nuestro cerebro hay una serie de células nerviosas que se comunican especialmente entre ellas. A su vez, el hecho de que estas neuronas se hayan activado simultáneamente aumenta la probabilidad de que en un futuro se vuelvan a interconectar del mismo modo. Esto se puede resumir en la idea de que las neuronas que se activan juntas se conectan juntas, es decir, refuerzan sus lazos de cara a futuras situaciones. Dicho de otro modo, cada experiencia deja, en mayor o menor medida, un «eco» en nuestro cerebro en función del modo en el que han quedado reforzadas ciertas conexiones entre algunas neuronas en concreto. Estos «ecos» o «huellas» generan patrones de activación en grupos de células nerviosas que durante la mayor parte del tiempo permanecen en estado latente pero que, de vez en cuando, hacen que algunas neuronas empiecen a interrelacionarse de un modo parecido a como lo hicieron en el pasado, lo cual sirve para hacer que ese recuerdo vuelva a fijarse en el encéfalo (aunque con algunas modificaciones, porque lo que está ocurriendo en el sistema nervioso en ese momento no es exactamente lo mismo que lo que ocurría cuando el recuerdo quedó fijado por primera vez).

En definitiva, si en una situación hipotética hay un grupo de neuronas repartidas homogéneamente y cada una de ellas tiene más o menos las mismas posibilidades de conectarse con cualquiera de las otras, esto cambiará en el momento en el que llegue a alguna de ellas un impulso nervioso. A partir de esa situación, los siguientes estímulos harán que se formen grupos de neuronas con más tendencia a cablearse juntas cuando se dan ciertas si-

DATO CURIOSO

La conclusión a la que conduce la idea de cógnito derivada de los estudios de Donald Hebb es bastante trascendental, porque es una explicación basada en la neurobiología de por qué no hay una manera neutral ni aséptica de acercarse al presente. Aquí, la idea principal es que todas las experiencias que hemos vivido en el pasado dejan una huella en nuestro cerebro, pero, paradójicamente, esta huella va cambiando constantemente a medida que las vivencias del presente se van integrando en la actividad de nuestro sistema nervioso. A su vez, todo lo que experimentamos en el presente lo vivimos a la luz de nuestros recuerdos, porque éstos han modificado físicamente nuestro encéfalo haciendo que ciertos grupos neuronales tengan mayor propensión a conectarse de un modo determinado. Lo que estamos percibiendo justo ahora no puede separarse de los recuerdos que han ido sedimentándose en nuestro cerebro.

tuaciones, porque estarán influidas por el modo en el que se conectaron en el pasado. Cada vez que se repita un patrón de activación, las conexiones entre las células que lo producen se verán más reforzadas, y las posibilidades de que se vuelva a repetir más adelante aumentarán o se mantendrán justamente por eso.

Así pues, los cógnitos se construyen en el presente a partir de estas huellas que dejan en nuestro cerebro aquello que hemos vivido. A medida que se suceden las experiencias, tendremos cógnitos más complejos, porque los patrones de activación neuronal se irán complicando a medida que se vayan solapando recuerdos. De este modo se producirán mapas de cógnitos, es decir, redes neuronales que hacen referencia a otras redes neuronales: si el hecho de ver a un perro ladrando hace que se activen a la vez catorce grupos de neuronas siguiendo unos patrones claros, la próxima vez que se vea a un perro se evocará el concepto de «sonido desagradable». Pero si más adelante se aprende que los perros sólo ladran bajo ciertas circunstancias, este mapa del concepto de perro se ampliará y se hará más complejo.

EL EJEMPLO DEL AVESTRUZ

Veamos un ejemplo: la creación del cógnito «avestruz». Esta pieza de conocimiento puede originarse a partir de una gran variedad de experiencias: mediante la visión de una de estas aves en su hábitat natural, leyendo un libro sobre animales, viendo una fotografía, etc. Si sólo entramos en contacto con el mundo de los avestruces a partir de una fotografía, por ejemplo, esta información visual llegará a las áreas de asociación de la corteza y hará que una serie de neuronas empiecen a activarse repetidamente por el hecho de mantener la mirada fija en esta imagen. En función de la actividad neuronal que se esté realizando en ese momento se activarán unas neuronas u otras; de algún modo, este patrón de actividad buscará su hueco entre los demás patrones que en ese instante tengan lugar por la zona. Cuando se aparte la mirada de la imagen, este patrón de actividad eléctrica desaparecerá..., o al menos lo hará en apariencia, porque habrá dejado una huella en el cerebro.

El hecho de que durante la visión del avestruz se hayan activado repetidamente y a la vez una serie de neuronas ha estrechado los lazos entre ellas, y en el futuro las posibilidades de que se vuelvan a activar juntas es mucho más alta que antes de ver el animal. Por eso, aunque se deje de mirar al avestruz y estas neuronas hayan empezado a tomar parte en otros procesos mentales totalmente distintos, se ha empezado a formar una red que es el cógnito del avestruz y que está latente en el cerebro. Cuando se vuelva a mirar la misma imagen con la representación de esta ave, gran parte de las neuronas que se activaron antes volverán a hacerlo de un modo parecido, porque ha quedado un «eco» de la anterior experiencia. Además, cada vez se relacionarán más con otros cógnitos, como los de «estrafalario», si no nos termina de convencer la estética del animal, o «estilizado», si tenemos en cuenta esta propiedad. El solapamiento entre estas piezas de conocimiento hará que se influyan entre sí, de modo que ver un avestruz modificará ligeramente nuestra noción de lo que significa la elegancia o incluso África, el continente en el que habita esta especie, y a su vez estos cógnitos tendrán un efecto en nuestra manera de percibir al animal en ese momento. Si más adelante vemos un documental en el que nos damos cuenta de lo rápida y agresiva que es esta especie, el cógnito se expandirá hacia aquellos otros cógnitos que tengan que ver con las nociones de «peligro» o «violencia», o puede que se retire de aquellas zonas que tienden a estar relacionadas con el cógnito «simpatía». Eso significa, teóricamente, que el cógnito puede ir surfeando distintos grupos de neuronas sin que el patrón de actividad neuronal en el que se basa desaparezca, aunque, eso sí, vaya cambiando constantemente.

Desde la creación del cógnito de «avestruz», además, hemos podido ir reactivándolo sin necesidad de recibir ningún estímulo que haga referencia directa a éste. Simplemente, basta con pensar en este animal, es decir, recordarlo. Pero lo que recuperemos no será un recuerdo puro de aquello en lo que hemos pensado minutos antes al mirar la fotografía. Ya habrá pequeñas variaciones, porque en ese momento la actividad general del cerebro será otra. Si en las futuras ocasiones en las que pensamos en un avestruz hemos dejado de tener en cuenta que parece estrafalario para tener más presente su agresividad, las conexiones de este cógnito con el de «estrafalario» perderán cada vez más fuerza. Y, si en algún momento se da el fenómeno de olvidarse momentáneamente de la palabra «avestruz» (el famoso fenómeno de tener

DATO CURIOSO

La idea de cógnito se parece en muchos aspectos a la concepción acerca de la naturaleza de nuestros contenidos mentales esgrimida por el filósofo David Hume, máximo representante del empirismo filosófico de los siglos XVII y XVIII. A diferencia de los racionalistas de su época, que destacaban el papel de la razón en la adquisición de conocimiento, el empirismo defendía que éste se desarrollaba a partir de la experiencia. Hume rechazaba la idea de que el conocimiento fuese algo estático al margen de la experiencia vital del individuo. Por el contrario, creía que gran parte de las ideas que las personas tenemos a lo largo de nuestra vida tienen su origen en la asociación que realizamos entre otras muchas ideas y que, por lo tanto, no pueden existir como algo individual. Esto explicaba, según él, por qué los seres humanos somos capaces de imaginar ideas que nunca hemos percibido a través de los sentidos, como por ejemplo un dragón, que puede entenderse como una asociación entre las ideas de reptil, bestia, fuego, murciélago, etc. Para Hume, la capacidad de la mente para combinar ideas parece ilimitada, pero esa asociación se produce siempre siguiendo unas determinadas leyes: la de semejanza, la de contigüidad en el tiempo o en el espacio, y la de causa o efecto.

algo en la punta de la lengua), activando cógnitos que se solapen con este que no se recuerda será posible recuperarlo desde la periferia. Éste es el mismo principio que explica que personas que han sufrido grandes lesiones en la corteza no tengan por qué olvidar para siempre los cógnitos que se solían activar en la zona dañada: el modo en el que se activa la periferia de esta zona contiene información sobre cómo solían relacionarse las neuronas que se han perdido, y a partir de esta información se puede volver a reproducir el cógnito completo sobre otras neuronas.

En definitiva, los cógnitos no están formados tanto por neuronas como por los fortalecimientos y debilitamientos de los lazos que las unen. Por esta razón, los cógnitos son imposibles de entender al margen de sus solapamientos entre ellos, de su manera de interactuar entre sí. Ninguno puede existir sin los otros, porque las referencia entre ellos son constantes, y su modo de relacionarse tanto con estos «ecos» latentes como con la información que va llegando del exterior a cada momento hace que se estén transformando continuamente.

LA IMPORTANCIA DE LAS EMOCIONES PARA ACCEDER A LOS RECUERDOS

Los recuerdos no son algo aislado y que podamos resumir simplemente con palabras; suelen tener una periferia de sensaciones que no es fácil de identificar si no le prestamos atención. De hecho, se ha comprobado la existencia de una curiosa influencia del estado emocional sobre el almacenamiento y recuperación de recuerdos. En concreto, en la década de los setenta el psicólogo cognitivo Gordon H. Bower encontró evidencias de que si recordamos algo encontrándonos en cierto estado de ánimo, lo recordamos mejor cuando volvemos a sentirnos de esa manera. Del mismo modo, cuando nos sentimos de una manera determinada tendemos a almacenar recuerdos que se ajusten a la emoción que estamos experimentando.

Esta idea se aproximaba bastante a las de Donald Hebb y la hipótesis de los cógnitos. Como hemos visto, los cógnitos se crean, se transforman y desaparecen con todas las experiencias que se van viviendo, aunque sólo tengan que ver con ellas indirectamente. El simple paso del tiempo y de las vivencias que van cambiando con éste influyen en su forma y composición. Pero algo muy interesante es que, además, un cógnito no es sólo conocimiento basado en el pasado, sino que también tiene que ver con lo que se percibe en el presente. Dicho de otra manera, la existencia del cógnito implica que recordar y percibir son, en parte, lo mismo: cuando recordamos, estamos haciéndolo a partir de impulsos nerviosos que nos transportan información proveniente de los sentidos y que se mezclan con los patrones de activación latentes que habían dejado experiencias anteriores, y cuando percibimos, lo estamos haciendo a partir de los «ecos» que han dejado experiencias pasadas en el modo de conectarse de nuestras neuronas. Esta idea se deriva de las conclusiones a las que llegó Donald Hebb: si los recuerdos son huellas latentes que quedan en la interconectividad de redes de neuronas que se han activado a la vez en el pasado, cuando se vuelvan a activar siguiendo el mismo patrón no sólo se activará un recuerdo o concepto puro, sino también el resto de las redes neuronales que suelen activarse con éste. Poniendo un ejemplo extremo, una araña no es percibida del mismo modo por alguien que haya tenido alguna experiencia traumática con estos animales que por alguien que no las haya vivido, ya que en cierto sentido la percepción y la memoria forman parte de un mismo proceso. En realidad, para la primera el simple hecho de pensar en una araña será desagradable, porque no se podrá separar el concepto «araña» de las vivencias con las que este cógnito ha ido quedando grabado en el cerebro.

Siguiendo con el tipo de descubrimientos que vinculan el procesamiento de recuerdos con el estado en el que nos encontramos en el presente, también se ha comprobado que cuando se realizan una serie de aprendizajes y memorizaciones bajo los efectos de una droga, luego se recuperan mejor estos recuerdos si se vuelve a estar bajo los efectos de esa sustancia. La idea es que si el contexto presente se parece al que nos influía en el momento de la memorización, reproducirlo otra vez hará que accedamos con mayor facilidad a esos recuerdos.

LOS DISTINTOS TIPOS DE MEMORIA

Hemos estado hablando sobre la memoria como si ésta se comportara igual en todos los contextos. Sin embargo, hoy sabemos que existen muchas clases de memoria que pueden distinguirse atendiendo a distintas lógicas de clasificación.

Una de estas clasificaciones es la que sirve para crear tipos de memoria según la duración de los recuerdos. En primer lugar tenemos *la memoria sensorial*, en la que los recuerdos son muy primarios y duran unos pocos centenares de milisegundos. Este registro está compuesto por el rastro que deja la información que entra a través de los sentidos y que es sustituida inmediatamente por la información nueva que va llegando, lo cual es muy útil, porque de lo contrario se acumularían demasiados datos irrelevantes. Curiosamente, además, la información auditiva que llega al registro sensorial dura un poco más que la visual. Una ventaja de esto es que nos permite darle a una frase un sentido global a partir de la entonación con la que han sido pronunciadas algunas de sus partes.

En segundo lugar encontramos *la memoria de corto plazo*, que dura entre 15 y 20 segundos y cuyos contenidos tienen que ver con lo que estamos pensando en ese momento. Éste es un tipo de memoria importantísimo cuando estamos dedicándonos a tareas específicas como resolver un rompecabezas o elaborar una respuesta a lo que se nos está preguntando, y por eso también se la conoce como memoria de trabajo. Pero también es la responsable de que podamos crearnos una idea general de aquello que estamos experimentando en el presente, ya tenga que ver lo que opinamos sobre la película que estamos viendo o con las sensaciones que nos transmite una persona a partir de cómo se está comportando.

En tercer y último lugar tenemos *la memoria de largo plazo*, que es la que está relacionada con aquello que aprendemos y lo que podemos conservar durante toda la vida, eso sí, con ligeras modificaciones. Este tipo de memoria puede dividirse en otros dos. El primer subtipo es la memoria implícita, que no puede ser explicada y está compuesta por habilidades (como por ejemplo, tocar la guitarra), hábitos y reacciones emocionales aprendidas, y el segundo es la memoria explícita o declarativa, cuyos contenidos pueden ser descritos a través del lenguaje. A su vez, la memoria explícita contiene otras dos categorías según una distinción creada en los años setenta por el psicólogo Endel Tulving que aún está vigente hoy en día. Por un lado tenemos la memoria semántica, relacionada con los conceptos que hemos interiorizado, y por el otro está la episódica, que tiene que ver con los recuerdos vividos en un tiempo y un lugar determinados, como por ejemplo nuestras vivencias durante la infancia.

Según las ideas originales de Tulving, la capacidad de pensar en nuestra vida pasada como si fuese un relato es una característica única de nuestra especie, y es la memoria episódica la que nos permite planificar acciones futuras según nuestro papel en el relato vital en el que nos encontramos. ¿Sigue siendo válido esto hoy en día? Bueno, aunque la importancia de la memoria episódica es relativa en la formulación de planes (porque necesita apoyarse en otros tipos de memoria), en el ámbito de la neurociencia y la psicología comparada está extendida la idea de que la gran mayoría de los animales pueden aspirar como máximo a crear conceptos simples y desprovistos de acceso al lenguaje, pero no

DATO CURIOSO

Distinguir tipos diferentes de memoria no es una simple manera de etiquetar recuerdos que parecen diferentes por su naturaleza: hay investigaciones que indican que cada una de ellas utiliza unos circuitos neuronales distintos. Uno de los ejemplos más famosos que ilustra que las bases biológicas de la memoria declarativa son distintas de las de la memoria implícita es el caso de un paciente estudiado por la neuropsicóloga Brenda Milner. Esta persona había sufrido una lesión encefálica que no le permitía fijar nuevos recuerdos en la memoria de largo plazo (un fenómeno conocido como amnesia anterógrada y que queda muy bien plasmado en la película *Memento*, dirigida por Christopher Nolan en el año 2000). Eso implicaba que, aunque conservaba la mayor parte de sus recuerdos sobre el pasado y por lo tanto sabía quién era él, olvidaba todo aquello que le ocurría en cuanto dejaba de prestarle atención. Sin embargo, aunque no fuera consciente de ello, era capaz de aprender nuevas habilidades, y pese a no recordar haberlas practicado, lo cierto es que su desempeño en ellas mejoraba con cada ensayo. Su memoria implícita estaba bien conservada.

a imaginar una narración sobre sus vidas (porque les falta la capacidad de crear conceptos relacionados con el «yo»), y también se tiende a considerar los planes de futuro y las predicciones como una especie de memoria en la que nuestros conocimientos sobre el pasado se proyectan hacia el futuro.

¿EXISTEN LOS FALSOS RECUERDOS?

Uno de los motivos por los que no es posible extraer los recuerdos de una persona y hacer que pasen a otro cerebro es que no se ha hallado un lenguaje de programación con el que trabajen nuestras redes neuronales y que pueda interpretarse independientemente de los acontecimientos que están ocurriendo en nuestro cuerpo. Mientras que en un ordenador podemos aislar partes de un código y predecir con mucha exactitud cómo funciona un programa instalado en cualquier ordenador, en nuestro sistema nervioso la información no está codificada en un lenguaje concreto, sino que intervienen diferentes factores, al igual que el estado de la superficie del mar varía por el simple hecho de ser una sustancia en la que inciden a la vez diferentes fuerzas de manera continuada. Este hecho lleva a pensar que en nuestro encéfalo, al contrario de lo que ocurre en los ordenadores, no hay un hardware y un software: no hay estructura y procesos como dos elementos distintos, sino que el propio encéfalo es el proceso; a fin de cuentas está siempre activo y trabajando con impulsos eléctricos, incluso cuando dormimos.

Cuando aplicamos esta idea a lo que sabemos acerca de la memoria, no sorprende que ésta nos traicione tanto. Además, si nos ajustamos a las teorías sobre la memoria distribuida en redes neuronales llegaremos a la conclusión de que nuestros recuerdos cambian constantemente, ya que su existencia se basa en la plasticidad neuronal. Simplemente, no hay un soporte físico que los conserve y los aísle del resto. Es decir, que cada vez que recordamos algo estamos modificando ese recuerdo. En teoría, sería posible modificar tanto el conocimiento almacenado en la memoria que sería posible transformar recuerdos en algo totalmente distinto a como eran en un principio, e incluso podrían crearse falsos recuerdos. ¿Hasta qué punto es esto cierto?

Se han encontrado bastantes pruebas a favor de la existencia de falsos recuerdos asociados a la memoria de largo plazo. Este fenómeno ha sido estudiado a fondo por la psicóloga estadounidense Elizabeth Loftus, quien a través de una serie de experimentos encontró evidencias de que las experiencias del presente pueden alterar lo que creemos sobre el pasado.

Por ejemplo, en una investigación realizada en los años setenta, Loftus mostraba a una serie de personas grabaciones de coches colisionando y luego les preguntaba acerca de lo que habían visto. Sin embargo, y aunque todos los participantes habían visto lo mismo, Loftus observó que su manera de recordar lo sucedido estaba determinada por las palabras que se elegían en la formulación de las preguntas acerca de los accidentes. En concreto, comprobó que la velocidad estimada a la que iban los coches era más baja cuando la pregunta incluía palabras como *contacted* («entró en contacto») o *hit* («golpeó»), y más alta cuando se realizaba la misma pregunta pero sustituyendo estas palabras por los términos *collided* («chocó») o, especialmente, *smashed* («destrozó»). Además, cuando días más tarde se les preguntaba a estas personas si habían visto cristales rotos en el accidente que se les había mostrado, los participantes con los que se utilizó el verbo *smashed* mostraron una mayor tendencia que el resto a responder que sí, a pesar de que en el vídeo no aparecían trozos de cristal.

En otro experimento, Loftus contaba a cada uno de los participantes cuatro anécdotas que les habían sucedido durante su infancia. Sólo tres de estas historias eran ciertas y se basaban en información aportada por los familiares de cada uno de los voluntarios, mientras que la cuarta era una invención aderezada con detalles verídicos sobre el entorno en el que supuestamente sucedieron los hechos y creada en colaboración con los parientes. En concreto, este recuerdo ficticio trataba sobre cómo los sujetos del experimento se habían perdido en un centro comercial y no encontraban a sus padres. Unos días más tarde, se volvió a entrevistar a los participantes y se les preguntó acerca de lo que recordaban sobre las cuatro anécdotas y, sorprendentemente, un 25 % de ellos decía recordar algo sobre la historia del centro comercial. Finalmente, los voluntarios fueron informados de que una de las cuatro historias era falsa y se les pidió que adivinasen de qué anécdota se trataba. El resultado mostró que 5 de los 24 participantes habían llegado a creer con sinceridad en el falso recuerdo.

Los descubrimientos acerca de los falsos recuerdos que realizó Loftus generaron mucha polémica durante años, ya que llevaban a cuestionar la validez de los testimonios oculares utilizados en los juicios. Además, se empezó a pensar en la posibilidad de que ciertos procedimientos utilizados por psicólogos, especialmente los del ámbito clínico y forense, pudieran introducir recuerdos ficticios en las personas con las que trabajaban, llegando incluso a hacerle recordar a alguien experiencias traumáticas que nunca habían sucedido.

ESTUDIANDO EL OLVIDO

Hemos visto que los recuerdos pueden modificarse o incluso generarse a partir de ficciones. Ahora bien, ¿qué es lo que limita nuestra retención de datos?

La primera persona en investigar el olvido de manera sistemática y siguiendo una metodología parecida a la que se usa en la actualidad fue el psicólogo alemán Hermann Ebbinghaus. Durante la segunda mitad del siglo xix, Ebbinghaus se propuso utilizarse a sí mismo como cobaya humana a la hora de comprobar los efectos de la asociación sobre la memorización de más de dos mil sílabas sin sentido (como «RUP» o «FOW») repartidas en listas. De este modo fue controlando el tiempo que dedicaba a memorizar cada lista, el número de segundos dedicados a descansar entre series, y experimentó con la longitud de las filas silábicas, los períodos que dedicaba a aprenderse cada una, etc.

Observó que en los primeros veinte minutos se produce gran parte del olvido, y que esta tendencia a olvidar rápidamente se prolonga, aunque de manera más moderada, hasta que ha pasado una hora. A partir de ese momento se va olvidando a un ritmo menor durante las siguientes horas, y mucho menor a partir del momento en el que ha pasado un día. De manera parecida, la mayor parte de la memorización se realiza durante los primeros ensayos, mientras que en los siguientes el nivel de rendimiento se estabiliza. Además se dio cuenta entre otras cosas de que podía memorizar textos con sentido durante un período diez veces más largo que el tiempo que le duraban los recuerdos sobre sus listas de sílabas, y que lo que está situado al principio o al final de una serie se recuerda mejor. Del mismo modo, llegó a la conclusión de que aquello que terminaba recordando de manera más fiel podía recordarlo durante más horas.

Pero una de sus aportaciones más interesantes fue descubrir que lo que se ha olvidado con anterioridad puede aprenderse con mucha mayor facilidad que aquello que se tiene que memorizar por primera vez. Esto significa que el olvido es, al menos en parte, aparente, y que deja tras de sí unos restos de recuerdo que pueden ser aprovechados más adelante para volver a construir conocimiento a partir de ahí, idea que recuerda mucho al carácter latente de los cógnitos que llevan un tiempo sin activarse: aunque no estén mandando impulsos como cuando se evoca el concepto o recuerdo al que hacen referencia, queda en ellos la huella del modo en el que las neuronas que los componen se activaron en el pasado.

Una buena parte de los descubrimientos de Ebbinghaus siguen vigentes hoy en día, en concreto la curva de olvido y de aprendizaje (más acusada durante los primeros minutos, mucho menos durante las siguientes horas) y la recuperación de recuerdos aparentemente olvidados a partir de unos pocos ensayos. Además, este

DATO CURIOSO

Otro importante descubrimiento relacionado con la memoria antes del nacimiento de la psicología cognitiva lo llevó a cabo la psicóloga soviética Bluma Zeigarnik. En el año 1927, mientras esperaba en un café austríaco la llegada de su profesor, observó a los camareros del establecimiento y se dio cuenta de que éstos recordaban mejor los pedidos de las mesas que aún no habían pagado la cuenta que los de aquellas que sí lo habían hecho, con relativa independencia de los minutos transcurridos desde que se habían realizado los pedidos. Intrigada por el fenómeno, posteriormente realizó diferentes experimentos y descubrió que las personas mostraban mucha más facilidad para recordar los detalles de las tareas inacabadas que los de aquellas que ya se habían completado. Tomando las ideas de los psicólogos de la Gestalt y, especialmente, de Kurt Lewin, Zeigarnik llegó a la conclusión de que la información relacionada con procesos inconclusos se almacena de manera más eficiente en la memoria, ya que el hecho de que estos datos no formen parte de una unidad completa nos genera una tensión que queremos eliminar. Sin embargo, investigaciones posteriores parecen indicar que el «efecto Zeigarnik», como se conoce esta tendencia, no explica tanto un mecanismo de funcionamiento de la memoria como la influencia que tiene en ésta la motivación.

La vigencia del efecto Zeigarnik es hoy en día innegable: la creación de muchos principios de publicidad y marketing, por ejemplo, se basan en dicho efecto para captar la atención del consumidor. Asimismo se aplica en la elaboración de guiones de series mediante la utilización de escenas llenas de suspense al final de los capítulos (*cliffhangers*), que se resuelven durante los primeros minutos del capítulo siguiente. También se ha aprovechado en el diseño de videojuegos, razón por la que los jugadores siempre están dispuestos a jugar «otra partida más» poco después de perder la última.

investigador sentó las bases de cómo se debe estudiar la memoria, con repetición de actividades comparables entre ellas y un sistema de medición de la cantidad de información que se retiene. Ahora bien, Ebbinghaus fue un hijo de su tiempo, y sus estándares a la hora de investigar eran muy relajados en muchos aspectos. Por ejemplo, el simple hecho de que él fuese la única persona que intervenía en sus experimentos hace que sus sesgos y sus condicionantes personales se mezclasen con los resultados que obtuvo. Otro aspecto negativo es que no explicó los mecanismos de la memoria en sí, sino aquellos que intervienen en un tipo de memoria muy concreto.

Cuando la psicología cognitiva irrumpió en el panorama científico, los investigadores empezaron a imaginarse el procesamiento de los recuerdos como si éstos fuesen señales electrónicas propias de un sistema informático. Así, los recuerdos serían originariamente captados por los sentidos, almacenados en la memoria de corto plazo y más tarde, con suerte, pasarían a consolidarse en la memoria de largo plazo. A partir de este modelo computacional, un psicólogo llamado George Armitage Miller estudió las limitaciones que tiene la memoria de corto plazo o, mejor dicho, de la memoria de trabajo, que es la que interviene en tareas en las que hay que trabajar mentalmente con unidades de información para resolver un problema.

Miller llegó a la conclusión de que la memoria de trabajo sólo retiene un máximo aproximado de 7 unidades de información a la vez, y que nuestro rendimiento cae cuando debemos trabajar con un mayor número de elementos. Por ejemplo, comprobó que los participantes en un experimento eran capaces de recordar el número que se le había asignado a distintas notas musicales cuando éstas eran 7 o menos, pero cuando se incluía una mayor variedad, mostraban muchas dificultades para recordar el número asignado a cada una de ellas. Sin embargo, también descubrió que existen estrategias para optimizar el rendimiento de la memoria de trabajo: en general, si agrupamos las unidades de información en grupos con sentido, somos capaces de retener más cantidad de información. Justamente en esta lógica se basan muchas tácticas mnemotécnicas en las que las unidades de información simple quedan asociadas a categorías que significan algo para nosotros. Se trata de una manera de distribuir información colocándola bajo el paraguas de conceptos más amplios que ellas mismas. Aquí tienes una muestra en la que, modificando el orden de unas cifras, se puede hacer que formen conjuntos con significado por su similitud con palabras escritas en mayúsculas.

431104220239112

13410N 2012912324

BALÓN SORPRESA

Investigaciones posteriores han mostrado que probablemente la capacidad máxima de la memoria de trabajo es inferior a 7 unidades: ronda la cifra de 4 o 5 unidades de información, pero nuestra capacidad para agruparlas en unidades significativas supone una gran ventaja para lidiar con esta limitación.

Sin embargo, más allá de los fenómenos de cuello de botella en los que hay demasiada información para pensar en ella a la vez, hay pruebas que nos llevan a pensar que incluso cuando hay poca información con la que trabajar ésta puede terminar olvidándose si no se piensa en ella de manera constante. En concreto, la teoría del decaimiento señala que el simple paso del tiempo juega en contra de la supervivencia de estas huellas cerebrales. Si el lapso que pasa entre la primera toma de contacto con la experien-

DATO CURIOSO

El estudio de la memoria ha requerido contar con ambientes tan controlados y patrones de respuesta tan predecibles, que una buena parte de lo que sabemos sobre el tema proviene del estudio de unas babosas gigantes marinas del género Aplysia. Uno de los aspectos más llamativos de este animal era la habilidad de modificar su comportamiento mediante el aprendizaje, y el neurocientífico Eric Kandel supo ver su enorme potencial para el estudio de la memoria. Sus investigaciones sirvieron para obtener evidencias sobre cómo en el propio funcionamiento de cadenas simples de neuronas se retiene información sobre experiencias pasadas. En concreto, descubrió cómo las neuronas motoras dejan de funcionar ante un patrón de estímulos que se repiten muchas veces seguidas (por obra del experimentador de turno), creando una respuesta de habituación.

cia y el momento en el que se vuelve a pensar en ella es demasiado largo, ésta puede olvidarse en cuestión de segundos. Esta teoría se ha visto reforzada especialmente por una serie de experimentos en los que se utilizan las distracciones para evitar que se evoque un recuerdo reciente. Concretamente, se animó a que los participantes aprendieran una serie corta de tres letras para luego pedirles que realizaran una tarea en la que debían contar hacia atrás de tres en tres a partir de un número. Después de esta actividad, que duraba unos pocos segundos, la capacidad para retener la serie de tres letras se había reducido considerablemente.

Hemos visto algunas de las principales cuestiones abordadas en el estudio de la memoria y la formación de conceptos. Sin embargo, la mayor parte de las investigaciones sobre el tema consisten en pruebas simples que no sirven para captar el modo en el que utilizamos la información en nuestro beneficio o cómo nuestra conducta se vuelve más compleja a partir de lo que hemos experimentado en el pasado. Esto forma parte, más que del estudio de los recuerdos, de la investigación acerca de cómo se produce el aprendizaje en los seres humanos: la manera como construimos un entramado de categorías conceptuales, hábitos de vida y patrones de conducta que responden a aspiraciones y necesidades muy complejas. En el próximo capítulo abordaremos el papel que tiene en nuestras vidas el aprendizaje y de qué manera se relaciona éste con nuestros genes.

9

PSICOLOGÍA DEL APRENDIZAJE

DESDE LAS AULAS HASTA LA CONSULTA DE PSICOTERAPIA

Cuando los primeros *Homo sapiens* aparecieron hace unos doscientos cincuenta mil años, no había en ellos ningún rasgo a partir del cual se pudiera deducir que esos homínidos con una cabeza exageradamente grande fuesen a ser una especie particularmente exitosa. Eran más enclenques que otras especies similares y lo más probable es que ni siquiera pudiesen soñar con la posibilidad de vivir a base de cazar animales mucho más grandes que ellos. Es cierto que utilizaban el fuego para beneficiarse de su luz y calor, pero ni siquiera puede decirse que fuese idea suya; otros homínidos venían utilizando este recurso de manera ocasional desde hacía cientos de miles de años. De hecho, nuestros primeros ancestros *sapiens* tampoco destacaban por su capacidad intelectual en comparación con otros representantes del género *Homo* que habitaban el planeta al mismo tiempo que ellos.

Sin embargo, todo esto cambió hace aproximadamente unos setenta mil años. En ese momento, las poblaciones de *Homo sapiens* empezaron a generar todo tipo de avances tecnológicos a una velocidad nunca vista en toda la historia de la evolución. Armas totalmente nuevas, pequeñas esculturas, agujas y muchos otros utensilios y objetos fueron inventados en un lapso relativamente corto, y esa misma clase de mamíferos que antes sobrevivía a base de huir de los depredadores y elegir la mejor ocasión para salir a buscar comida se situó en la cima de la cadena trófica..., a pesar de que aparentemente su físico no había sufrido importantes modificaciones. El motivo de la aparición de esta etapa de cambios súbitos es que algo, quizá una mutación o una serie de mutaciones, había desencadenado la aparición de una capacidad única para aprender y, posiblemente, el nacimiento de un lenguaje totalmente funcional y desarrollado, comparable al uso de los idiomas en la actualidad. Después de un largo y duro recorrido a lo largo de una evolución en la que se producía un cambio significativo, siendo optimistas, cada medio millón de años, cincuenta mil años fueron suficientes para transformar totalmente el estilo de vida de todo un grupo de primates que pasó a extenderse por todo el planeta gracias a las recién inventadas embarcaciones. Se trataba de una verdadera revolución que llevó a nuestros ancestros a establecer las primeras ciudades y asentamientos permanentes basados en la agricultura, los métodos de escritura y todo lo que tiene que ver con el modo de vida típico del mundo globalizado.

Por supuesto, esta breve narración recoge sucesos que ocurrieron a lo largo de muchos miles de años, y no tendría sentido comparar todos los logros que generaciones enteras consiguieron durante esta etapa con los que podemos realizar cada uno de nosotros desde que nacemos hasta que morimos. Sin embargo, sirve para ver hasta qué punto la posibilidad de aprender todo tipo de cosas es algo que tiene el poder de transformar nuestras vidas, todavía hoy, mucho después de que todos los «grandes inventos» hayan sido ideados y puestos en práctica. Y es que nuestra conducta no puede ser explicada por la manera en la que conservamos recuerdos sobre las experiencias pasadas; como animales con una mente compleja, siempre recurrimos a esta información almacenada en el pasado para utilizarla de nuevas maneras, creando así nuevas destrezas y capacidades que van más allá de nuestra memoria. Este proceso por el cual las experiencias anteriores se transforman en patrones de conducta cualitativamente distintos a los anteriores se llama aprendizaje, y es el que explica que seamos capaces de evolucionar como personas.

Esta definición es amplia porque el horizonte de posibilidades que ofrece el aprendizaje también es inmenso. Cuando hablamos sobre aprender es inevitable pensar en aulas de escuelas, talleres y universidades, pero en realidad tanto la formación como la educación se pueden producir prácticamente en cualquier contexto o situación en los que aplicar esas habilidades y conocimientos, no sólo en el ámbito académico. Teniendo en cuenta esto, no resulta extraño que una parte de la psicología se haya dedicado a estudiar el modo en el que interiorizamos habilidades para transformarlas en algo propio. En este capítulo haremos un repaso por las figuras más importantes de la psicología aplicada al aprendizaje.

MÉTODO CONDUCTISTA *VERSUS* APRENDIZAJE LATENTE

Tradicionalmente, la corriente del conductismo ha estado estrechamente relacionada con la educación. Psicólogos como John Watson y B. F. Skinner presentaron sus propuestas de intervención como modelos de modificación de la conducta gracias a los cuales los individuos entrenados podían adaptarse mejor a la sociedad y, en definitiva, ser más felices. Así, una vez que se ha decidido qué conductas son buenas y cuáles son malas, se implementa un programa de refuerzos y castigos para promover la aparición de ciertos comportamientos y prevenir la aparición de otros. De este modo, se podría lograr que los animales y las personas hicieran suyos patrones de comportamiento inducidos mediante técnicas de condicionamiento. Hemos visto ejemplos de ello en el capítulo 4, pero a éstos les podríamos añadir la economía de fichas, por ejemplo, que puede ser entendida como una extensión al mundo humano del condicionamiento operante: los niños son premiados con puntos cuando hacen cosas buenas para conseguir que las repitan, y en ocasiones se les puede castigar retirándoles parte de estas monedas ficticias.

Pero desde el conductismo no sólo se han investigado aquellas formas de aprendizaje que resultan útiles; también existen aquéllas que se producen de manera ajena a la propia voluntad y llevan a adoptar patrones de conducta nocivos como, por ejemplo, las fobias. Uno de los descubrimientos más importantes que se han realizado sobre aprendizajes contraproducentes es el de un fenómeno llamado indefensión aprendida.

La indefensión aprendida fue estudiada inicialmente por el psicólogo Martin Seligman a partir de unos experimentos con perros en los que los pobres animales salían bastante mal parados. Las pruebas consistían en introducir a los animales en una especie de jaula con un suelo enrejado capaz de conducir electricidad. Una vez dentro, se les iban suministrando descargas eléctricas a intervalos aleatorios. Sin embargo, a algunos perros se les daba la posibilidad de hacer que las descargas parasen activando un mecanismo con el morro, mientras que al resto de los perros no se les daba esta opción. En la segunda parte de la prueba, ambos grupos de perros volvían a pasar por una cámara con el suelo electrificado, aunque en esta ocasión todos podían ponerse a salvo saltando a una zona por la que no viajaba la electricidad cuando se encendía una bombilla que servía para anticipar la descarga. En esta ocasión, sólo los perros que habían aprendido a evitar el dolor en la primera parte del experimento aprendieron a hacerlo también en esta segunda ocasión; el resto permanecían pasivos, se resignaban a recibir las descargas y mostraban un estado parecido al modo en el que se manifiesta la depresión en los seres humanos.

La indefensión aprendida ha continuado siendo investigada en contextos educativos, como en los estudiantes que se resignan a sacar malas notas, en el contexto de familias donde se ha dado un historial de malos tratos, o en hospitales y en pacientes que se sienten impotentes ante el dolor. Su existencia dice mucho sobre los parámetros irracionales que a veces explican nuestra manera de conseguir, o no, sobreponernos a situaciones duras.

Ahora bien, ¿el conductismo por sí solo es capaz de describir el comportamiento humano? A fin de cuentas, buena parte del aprendizaje se realiza a través de una red de símbolos y conceptos que almacena nuestra mente, algo que pone en duda que el modo en el que vamos adquiriendo nuevas habilidades tenga que ver únicamente con el aprendizaje condicionado y las respuestas a estímulos concretos..., o por lo menos ésa fue la conclusión a la que llegó el psicólogo estadounidense Edward Tolman en la primera mitad del siglo xx.

Tolman realizó su trabajo como investigador en un contexto en el que el conductismo dominaba el mundo académico pero, a pesar de que aceptaba la idea de que la psicología debía estar basada en el uso de experimentos controlados y la utilización de criterios objetivos no fundamentados en la especulación, creía que el aprendizaje puede existir independientemente del uso de refuerzos y castigos. Para ver hasta qué punto el premio es importante para que se interioricen conocimientos de manera automática realizó una serie de experimentos con ratas en los que éstas debían encontrar el camino de salida de un complejo laberinto. Al primer grupo de ratas les recompensó con comida justo después de lograr salir del laberinto, mientras que a un segundo grupo le dio el premio unos días más tarde. Después de hacer esto, comprobó que las ratas que habían sido recompensadas con unos días de diferencia pasaban a resolver la tarea mejor que antes justo después de haber recibido la recompensa. Esto significaba que los ensayos en los que no se les había dado el premio habían servido para que aprendieran, a pesar de que en un momento inicial este aprendizaje no era recompensado. En resumidas cuentas, habían interiorizado conocimiento sin necesidad de ser condicionadas; se había llevado a cabo en ellas lo que Tolman llamó *aprendizaje latente*, en el que lo aprendido hasta el momento no es expresado de manera clara hasta que el contexto cambia. Años antes de que apareciera la psicología cognitiva, este investigador había realizado un experimento que reforzaba la idea de que podemos aprender sobre nuestro entorno a partir de *mapas cognitivos* y no tanto a partir de reacciones automáticas, lo cual sirvió como base para defender una psicología alejada del conductismo radical de Skinner.

Hoy en día, la idea dominante en la investigación sobre comportamiento humano se basa más en un aprendizaje más sofisticado que el condicionamiento: el aprendizaje cognoscitivo. También se entiende que, aunque desde el conductismo se han realizado grandes aportaciones, los modelos de investigación sobre el aprendizaje basados en el condicionamiento tienen numerosos puntos débiles. Uno de ellos es que está ligado a la interacción con el ambiente inmediato, y sus resultados no tienen por qué extenderse a otras situaciones en las que el entorno y los estímulos sean algo distintos. Otro es que el «aprendiz» desempeña un rol secundario en el proceso de aprendizaje, es decir, que básicamente se limita a recibir los estímulos que se le suministran para lograr que actúe de una manera determinada, independientemente de los objetivos y aspiraciones que tenga. Además, la eficacia del condicionamiento operante sobre conductas que se quiere reforzar depende de que estas acciones aparezcan de manera espontánea en los primeros ensayos, lo cual no siempre ocurre, y menos en los laboratorios o en las clases, ambientes mucho más controlados que aquellos en los que se suele habitar. Por otro lado, es muy discutible si el uso de castigos es eficaz, al mismo tiempo que plantea un debate ético.

En definitiva, se considera que el acercamiento conductista resulta insuficiente para explicar los procesos de aprendizaje, pero que puede ser útil para investigar e intervenir sobre formas de aprendizaje implícito, que no tiene que ver tanto con la interiorización de conceptos como con la experimentación de vivencias que afectan a la conducta futura. A fin de cuentas, el condicionamiento funciona, tiene resultados objetivos e incluso puede producirse de manera «natural», sin intervención de un equipo de personas interesadas en modificar el comportamiento de alguien.

EL DESARROLLO COGNITIVO DE PIAGET

Hoy en día se sabe que no siempre aprendemos de la misma manera, que el modo en el que vamos asimilando las distintas experiencias depende en buena parte de nuestra edad y de nuestro grado de madurez. Uno de los psicólogos que ha tenido un papel más destacado en el estudio del aprendizaje es, sin duda, Jean Piaget, cuyos trabajos realizados a lo largo del siglo xx lo convirtieron en el padre de la psicología del desarrollo, encargada de estudiar los cambios en la conducta de los individuos que se van produciendo a lo largo de su vida. Ahora bien, como la mayoría de los cambios tienen lugar durante los primeros años de existencia, tanto Piaget como la psicología evolutiva en general se centran en el estudio de las variaciones que se producen desde el momento del nacimiento hasta que se alcanza la etapa adulta.

En vez de investigar sobre el desarrollo cognitivo como si se tratase de algo gradual, Piaget decidió ver los cambios cualitativos que se producen sobre las habilidades mentales de los niños durante sus primeros años de vida. Este epistemólogo suizo creía que los cambios en la cognición podían explicarse como transiciones entre fases con características propias y bien definidas que permiten distinguir unas de otras. Así, la mente de los niños no sería tanto una versión incompleta de la mente de los adultos, tal y como se venía pensando tradicionalmente, sino un sistema cualitativamente distinto; los más pequeños aprenden de manera autónoma impulsados por su propia curiosidad igual que cualquier persona mayor, pero procesan la información de manera distinta. Es por eso por lo que Piaget no era muy partidario de la pretensión de explicar el desarrollo cognitivo de los niños utilizando test de inteligencia estandarizados en los que se mide en qué grado se dan soluciones correctas a problemas determinados. Prefería estudiar las lógicas que hacen que los niños tiendan a pensar de un modo concreto, independientemente de si lo hacen de manera acertada o no, y esto le llevó al descubrimiento de que los pequeños perciben la realidad de un modo característico.

La idea de que durante nuestros primeros años de vida nuestra mente presenta unas cualidades que no tienen nada que ver con las que tendrá unos años más tarde queda plasmada en la teoría de las cuatro etapas del desarrollo cognitivo de Piaget. Estas fases son categorías organizadas jerárquicamente en las que sólo se puede pasar a la última etapa habiendo pasado previamente por todas las anteriores.

La primera fase es la etapa sensoriomotora, que corresponde a los primeros dos años de vida. Este tramo del trayecto vital se caracteriza por presentar un estilo cognitivo basado en la obtención de conocimiento a partir de la interacción con el entorno físico más inmediato y del dominio progresivo de las aptitudes motrices. Otra característica de esta etapa es que se fundamenta en un estilo de pensamiento muy egocéntrico, de modo que en un principio los niños creen que lo que existe es lo que ellos perciben y aquello con lo que pueden interactuar. Sólo a partir de los ocho o nueve meses aprenden que los elementos que no ven, tocan u oyen en un momento determinado siguen existiendo a pesar de no poder notarlos, es decir, descubren la permanencia del objeto.

Una vez que se ha completado la fase sensoriomotriz y se han conquistado todas las subfases incluidas en ella, se pasa a la etapa preoperacional, que tiene lugar entre los dos y los siete años de edad. En este momento de la vida, el lenguaje se consolida y los niños aprenden que las demás personas tienen puntos de vista muy diferentes al suyo propio (hasta ese momento, por ejemplo, los niños no pueden entender que a otra persona le falte una información que ellos sí tienen, y creen que todo el mundo está tan enterado de todo como ellos). Sin embargo, el estilo de pensamiento sigue estando muy ligado al egocentrismo y con frecuencia se confunde lo que se cree con lo que existe en realidad.

Entre los siete y los doce años aparece la etapa de las operaciones concretas, momento en el que se empieza a razonar a partir de la lógica, aunque, eso sí, siempre que se aplique sobre objetos visibles. Hasta ese momento, por ejemplo, se tiende a confundir la forma y la distribución de los objetos con la cantidad en la que éstos están presentes: creerán que si el líquido que hay en un vaso se vierte en un recipiente vacío y más alargado que el anterior, pasa a haber más cantidad de líquido (porque adopta una forma más «alta»), o pensarán que hay más objetos si éstos se esparcen más, de manera que el montón ocupe más superficie.

En último lugar se produce la transición a la etapa de las operaciones formales, que coincide aproximadamente con la entrada en la adolescencia, y es la que estará presente durante el resto de la vida. El término «operaciones formales» hace referencia al uso de las leyes de la lógica, que son independientes de los contenidos sobre los que son aplicados. De este modo queda implícito que esta fase se caracteriza por la posibilidad de pensar de manera abstracta y resolver todo tipo de problemas, tengan éstos que ver con objetos reales o no, y de razonar a partir de la manipulación de ideas e hipótesis y sin necesidad de ir probando posibles soluciones hasta dar con la respuesta correcta por casualidad. En la fase de las operaciones formales también se consolida del todo el dominio de la metacognición, que tiene que ver con la capacidad de pensar en pensamientos propios o ajenos.

Para Piaget, ir avanzando en las fases de desarrollo cognitivo hasta llegar al estadio de las operaciones formales suponía pasar del pensamiento mágico y egocéntrico a uno caracterizado por la racionalidad epistémica, es decir, la propensión a utilizar datos empíricos para pensar de manera lógica mediante la formulación de argumentos que pueden ser puestos en común y discutidos por todo el mundo. Esto significa que mientras que en los primeros meses de vida confundimos la realidad con las propias representaciones (creyendo que los objetos tienen mente e intenciones y estableciendo relaciones causales extrañas), al llegar al último estadio aprendemos a distinguir entre nuestra mente y nuestro entorno y entre la teoría y la realidad, lo cual nos permite, entre otras cosas, detectar incoherencias y pensar de manera crítica, cuestionando creencias poco fundamentadas y rechazando explicaciones enrevesadas que dejan muchos cabos sueltos.

Esta idea piagetiana de que el desarrollo cognitivo es de alguna manera un viaje hacia la capacidad de pensar sobre argumentos

DATO CURIOSO

Antes de pasar a la etapa de las operaciones formales, los niños son incapaces de llegar a la conclusión de que un péndulo oscilará más o menos rápido dependiendo de la longitud de la varilla, y tendrán dificultades para entender que un mismo objeto puede hacer que una báscula adopte distintas posiciones dependiendo de si se lo coloca más cerca del eje central o más alejado de éste.

construidos racionalmente ha sido una importantísima referencia en el mundo de la psicología evolutiva y la educación, pero no es algo que dependa únicamente de la genética y, por lo tanto, no es universal ni se da en todas las personas de igual manera. De hecho, existen motivos para pensar que en ciertas culturas el pensamiento de los adultos no va más allá del estadio de las operaciones concretas, idea respaldada por los datos obtenidos por el psicólogo alemán Heiner Rindermann y su equipo a través de una investigación en la que se estudió a un grupo de personas de ciertas zonas de África. Esto lleva a pensar que, incluso en patrones de pensamiento tan abstractos como aquellos que están definidos por el uso o desuso de la lógica, la cultura tiene un papel fundamental. Y es justamente esta dimensión interpersonal y cultural del aprendizaje donde puso el foco de sus investigaciones uno de los psicólogos soviéticos más influyentes de todos los tiempos: Lev Vygotski.

LA INTERACCIÓN SOCIAL Y CULTURAL DE VYGOTSKI

La experimentación constante de lo que nos rodea no depende únicamente de uno mismo. De hecho, el desarrollo psicológico de cada uno de nosotros es imposible de entender sin considerar el importante papel que la influencia de los otros seres humanos tiene sobre nuestra dimensión psicológica. Por supuesto, aquí tenemos que hacer referencia a los primeros actores en la socialización de los bebés: los padres. El neonato humano, frágil y totalmente dependiente, vive en un constante ir y venir de estímulos externos: ruidos, voces, luces, sombras, caricias, olores... Esta estimulación, aunque aparentemente pueda parecer banal, supone la materia prima necesaria para que el niño empiece a activar sus redes neuronales, a percibir la realidad que le rodea. Desde la voz tranquilizante de la madre hasta los juegos infantiles de padres, abuelos y tíos, el niño construye sus propios esquemas mentales sobre el mundo exterior, aprende a comunicarse (a pedir comida, a reclamar la atención de los adultos, a llorar si algo no le gusta), aprende a observar el entorno (sabe distinguir personas, sabe que un gato hace «miau» y un perro hace «guau»...) y, en suma, aprende a interpretar la realidad para poder afrontar con éxito el día a día y seguir creciendo. Poco a poco, esta realidad que rodea al niño se torna más compleja, y así lo hace también el cerebro del pequeño, cada vez más capaz de aprender y de enfrentarse a los nuevos retos, cada vez más hábil para reconocer e interpretar los estímulos que recibe.

Necesitamos la interacción con los demás no sólo para que este proceso de escalada de los estadios cognitivos se produzca adecuadamente, sino por nuestra mera supervivencia como individuos... y como colectivo. Pero este colectivo está formado por algo más que una suma de individuos: los factores culturales e interpersonales son tan importantes como los factores individuales a la hora de explicar la adquisición de aprendizajes. Ésta era la teoría que defendía el psicólogo ruso Vygotski: que «nos convertimos en nosotros a través de los otros».

Así, mientras Piaget creía que las capacidades cognitivas se

DATO CURIOSO

Otro de los psicólogos que han tenido gran influencia en el estudio del aprendizaje es Albert Bandura. En los años sesenta, a la vez que la psicología cognitiva le iba ganando terreno al conductismo, Bandura realizó una serie de experimentos que sirvieron para reforzar la idea de que el aprendizaje también puede aparecer a partir de lo que vemos que hacen los demás, y por lo tanto no tiene por qué haber sido fruto de un reforzamiento directo sobre las conductas que realizamos nosotros. Estos experimentos en los que quedaba revelado el aprendizaje por observación se realizaban con un muñeco tentetieso de grandes proporciones (más de un metro de altura) que era golpeado repetidamente por una persona, de manera que cada golpe hacía que el juguete se balancease y volviese a su posición vertical inicial. Bandura pudo comprobar cómo, en comparación con los pequeños que sólo veían a un adulto jugando con el muñeco, los niños y niñas que veían el comportamiento agresivo de la persona adulta tenían una propensión significativamente mayor a comportarse agresivamente con el juguete. Habían empezado a imitar la conducta observada sin haber sido sometidos a reforzamiento.

van desarrollando durante la transición hacia la edad adulta mediante la interacción entre el cuerpo que heredamos a través de la genética y nuestra manera de relacionarnos con el entorno, Vygotski creía que el entorno social es algo más que el medio en el que aprendemos movidos por nuestro propio interés. La sociedad es una fuente de conocimientos constante, donde encontramos contenidos culturales que se transmiten de generación en generación y donde surgen las posibilidades de interacción que posibilitan que nos desarrollemos correctamente. De este modo, el desarrollo de las facultades intelectuales superiores sólo puede explicarse como consecuencia del funcionamiento de la sociedad.

La capacidad de pensar por uno mismo de manera autónoma, paradójicamente, depende de nuestro historial de interacciones con el resto de las personas; una idea con ecos del colectivismo que definía a la Unión Soviética.

Una de las grandes aportaciones que Vygotski le ha dejado a la psicología educativa es el concepto de zona de desarrollo próximo, que se entiende como la distancia entre lo que sabe hacer un niño por sí solo y lo que podría conseguir trabajando con la ayuda de un tutor que le guíe. Más adelante, psicólogos como Jerome Bruner, que también le han dado mucha importancia al contexto social y a las situaciones de interacción interpersonal, han transformado este concepto en la idea de andamiaje, que mediante una metáfora visual bastante conveniente designa el proceso por el cual dando algo de apoyo en las primeras etapas de aprendizaje se consigue que alguien gane autonomía y termine dominando una habilidad sin ayuda.

ROMPIENDO ESQUEMAS

Piaget creía que durante toda nuestra trayectoria vital, independientemente de nuestra edad, trabajamos activamente para darle sentido a lo que nos ocurre a partir de los recursos que tenemos en cada momento. Esto significa que a pesar de que durante los primeros años nuestra mente sea muy diferente a la de un adulto, a la hora de aprender hacemos básicamente lo mismo que cualquier persona: reorganizar nuestros conocimientos previos según lo que vamos sabiendo, en vez de añadir más información sobre una base inamovible de ideas preconcebidas que veníamos acumulando desde antes. Esto significa que los conocimientos de alguien no están definidos tanto por la cantidad de cosas que sabe como por el modo en el que se organizan los conceptos que ha interiorizado, es decir, cómo se relacionan entre sí sus ideas. Esta concepción sobre lo que significa aprender dio forma a su teoría de los esquemas.

Un esquema es, para Piaget, una unidad básica de conocimiento formada por relaciones entre ideas más simples que el conjunto. Estos esquemas pueden «recibir» información nueva que hace que se amplíen, pero en muchas ocasiones tienen que reconfigurarse totalmente en vista de lo que experimentamos. Es por eso por lo que en todas las etapas de desarrollo se da tanto la asimilación (integración de nueva información sobre experiencias preexistentes en la memoria) como la acomodación (la modificación de aprendizajes llevados a cabo anteriormente). Si los esquemas de los que se dispone no son suficientes para acomodar en ellos nuevos aprendizajes, se llega a una situación de desequilibrio que resulta problemático y dificulta la absorción de nuevas habilidades o conocimientos.

El concepto de esquema nos permite pensar en estructuras de conocimiento que van desde lo más concreto hasta lo más abstracto. Pero otros autores han estudiado otras estructuras que no sólo hacen referencia a las operaciones mentales; por ejemplo, se habla de conceptos como agrupaciones perceptuales que dan paso a ideas abstractas, algo que recuerda mucho a la idea de organización de ideas por cógnitos que vimos en el capítulo anterior: conceptos más simples van dando paso a ideas complejas que reúnen propiedades que en la naturaleza no se pueden separar de objetos concretos pero en nuestra mente sí: la suavidad, la rapidez, la rusticidad, etc. Así, a medida que estos conceptos se van solapando entre sí van dando paso a ideas y creencias muy generales sobre cómo es la realidad, lo cual es útil, porque nos permite pensar y opinar sobre muchos temas. Sin embargo, esto también puede dar pie a la aparición de situaciones conflictivas: estos entramados de conceptos, creencias e ideas llegan a hacerse tan extensos que fácilmente entran en contradicción los unos con los otros. Por así decirlo, crecen tanto que llega un punto en el que se genera fricción entre ellos y el resto de las creencias y expectativas sobre la realidad. Este fenómeno fue estudiado por un psicólogo llamado Leon Festinger.

Festinger creía que tenemos una tendencia clara hacia la búsqueda de congruencia entre todas nuestras creencias personales. Como seres dotados del poder de cognición, nos formamos ideas y expectativas sobre prácticamente cualquier cosa, y es esta imagen mental de nosotros mismos y lo que nos rodea lo que le da sentido a nuestras vivencias. Así, por ejemplo, cursamos una carrera universitaria porque hemos interiorizado ciertas ideas sobre lo que significa realizar ese esfuerzo y las consecuencias que eso tiene, tenemos una actitud favorable hacia ciertas maneras de pensar basándonos en nuestras creencias e incluso atribuimos valor a los hábitos dependiendo de cómo encajan con nuestro concepto de «la buena vida», entre otros. Sin embargo, no tenemos un control total sobre el modo en el que experimentamos este mundo mental formado por ideas y opiniones; hay veces que vivimos hechos que chocan con lo que creíamos saber y rompen nuestros esquemas. En definitiva, aparecen contradicciones entre el modo en el que están organizadas nuestras ideas, lo cual hace que nos sintamos mal. Festinger llamó a este fenómeno *disonancia cognitiva*.

La aparición de la disonancia cognitiva nos anima a posicionarnos de un modo concreto para hacer que la contradicción percibida desaparezca. Esto significa que las incongruencias pueden llevarnos a modificar nuestros esquemas cognitivos para hacer que se ajusten más a esta nueva realidad que percibimos, lo cual significaría que la disonancia ha actuado como motor de aprendizaje que nos lleva a mejorar nuestra manera de concebir el mundo, pero también puede darse otra situación bastante menos esperanzadora: que «falseemos» la realidad percibida para adaptarla a nuestras creencias preexistentes de manera forzada. Al mismo tiempo, es muy probable que simplemente evitemos poner en riesgo nuestras creencias o exponernos a situaciones en las que éstas podrían ser puestas en cuestión.

Festinger estudió sobre la disonancia cognitiva observando de qué manera tendemos a adaptar nuestras ideas a nuestras ideas previas para disfrutar de una conveniente sensación de que todo va como debe. En uno de sus experimentos, por ejemplo, le propuso a un grupo de voluntarios la realización de una tarea especialmente aburrida. Cuando los voluntarios acababan la tarea les pedía, a modo de favor, que al salir mintieran y le dijeran al siguiente participante que habían disfrutado realizando el experimento, lo cual generaba en ellos una disonancia cognitiva. El resultado fue que aquellos voluntarios a los que se les pagó poca cantidad de dinero por participar en el experimento tendieron a dar opiniones más positivas que aquellos a los que se les había pagado más. El motivo era que mientras que los segundos no se veían obligados a modificar sus ideas a causa de una fuerte disonancia cognitiva, los que habían recibido menos dinero tenían que adecuar su opinión al hecho de que habían pasado por todo eso y ni siquiera se les había pagado bien por ello.

En otra investigación no experimental, Festinger y su equipo estudiaron el caso de una secta que supuestamente había recibido mensajes de origen alienígena acerca de la inminente destrucción del planeta, que iba a tener lugar el día 21 de diciembre de 1954. Cuando llegó el día señalado y vieron que la profecía no se cumplía, lejos de abandonar sus creencias, este pequeño culto llegó a creerse que les había llegado un mensaje en el que se les comunicaba que una entidad sobrenatural había decidido perdonar a la humanidad y «cancelar» la aniquilación total del planeta. Además, a partir de ese día los miembros que permanecieron en la secta parecieron reafirmarse aún más en sus creencias, invirtiendo más trabajo y tiempo en él. La conclusión de Festinger y el resto de los psicólogos que participaron en el estudio fue que estas personas habían invertido demasiados esfuerzos en el culto como para dejar que los hechos refutaran todas sus creencias. Para terminar con la disonancia cognitiva, los miembros de este colectivo tenían que falsear la realidad en la misma proporción en la que se habían esforzado por sostener sus creencias hasta ese momento.

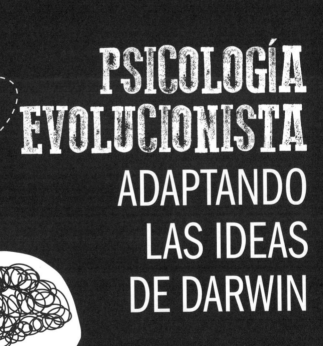

10

PSICOLOGÍA EVOLUCIONISTA
ADAPTANDO LAS IDEAS DE DARWIN

Tal y como hemos visto, el ser humano tiene una capacidad única para aprender, improvisar maneras de encontrar nuevas soluciones a los retos que se le van planteando y, en general, de crear y exhibir comportamientos muy variados. Todos podemos prever que una hormiga obrera nacerá, saldrá fuera del hormiguero, se pasará gran parte del tiempo siguiendo a rajatabla las rutas que otras compañeras le han señalizado, llevará comida al hormiguero y construirá ciertas estructuras estereotípicas dentro de la colonia, pero es prácticamente imposible saber cómo vivirá su propia vida un ser humano, excepto en aquellos casos de privación severa de su libertad o de pobreza extrema. Sin embargo, hay una regla que cumplimos tanto las hormigas como los miembros de nuestra especie: sólo podemos existir como producto de la evolución.

Todos llegamos al mundo con una herencia genética que, sin duda, determina nuestras características y capacidades físicas —como puede ser el color de ojos o la fuerza o la movilidad—, así como nuestra predisposición a desarrollar distintas enfermedades. Ahora bien, ¿esta herencia afecta exclusivamente a nuestras características físicas o también a los aspectos psicológicos? ¿Estamos predispuestos a actuar de ciertas maneras y no de otras? ¿Puede ser que nuestra conducta esté controlada por los genes y que no dependa de nuestros esfuerzos ni de nuestra libertad para tomar decisiones?

EL ORIGEN

Si hoy en día el debate entre lo innato y lo adquirido es tan importante en psicología es gracias a los trabajos de Charles Darwin, basados en las investigaciones que este naturalista inglés había realizado a mediados del siglo XIX durante sus viajes a bordo del *HMS Beagle*. Tras visitar diferentes zonas del planeta, Darwin se dio cuenta de que en el diseño de las distintas formas de vida que iba descubriendo se intuían patrones que hablaban de una dinámica de generación de especies que actuaba como proceso natural. Por ejemplo, algunas especies se parecían mucho entre sí pero presentaban pequeñas variaciones que resultaban útiles en el entorno en el que vivían. Todo esto hacía pensar en una historia pasada en la que una sola especie había dado origen a otras. Después de años de investigación, Darwin llegó a varias conclusiones sobre lo que había visto. Una de ellas era que si se comparaban las formas de vida era posible sostener que unas especies van dando paso a otras. Estas transiciones se daban durante una larga sucesión de generaciones; básicamente, lo que ocurría era que ciertos rasgos resultaban más ventajosos que otros en determinados hábitats, con lo cual las poblaciones en las que estas características fuesen más frecuentes dejarían más descendencia que el resto y, de este modo, podían llegar a diferenciarse mucho de las poblaciones originales. Una segunda idea era que este proceso puede ser explicado sin la necesidad de apelar al papel de Dios como creador. La tercera idea, y quizá la más arriesgada en aquella época, era que todas las especies, incluyendo al ser humano, comparten un ancestro común.

Los descubrimientos de Darwin supusieron un punto de inflexión para lo que poco después iba a ser conocida como la ciencia del comportamiento. De hecho, el momento en el que este investiga-

dor publicó sus ideas acerca de la evolución en su libro *El origen de las especies* supuso el inicio de un cambio de paradigma en la ciencia que ha llegado a nuestros días. Darwin no sólo había hallado una explicación acerca de cómo se crean las distintas especies, sino que además sugería que todas las formas de vida comparten una ascendencia común. Pero, por si fuese poco, los descubrimientos de Charles Darwin dieron al traste con la concepción tradicional del intelecto humano, si bien no inmediatamente (el naturalista tardó varios años en explicar en detalle sus teorías acerca de cómo nuestra especie y la evolución están relacionados; lo hizo, concretamente, en su libro *El origen del hombre y la selección en relación al sexo*, publicado en 1871). Hasta entonces se suponía que el espíritu que se creía que habitaba en nuestros cuerpos actuaba siguiendo lógicas «razonables»; la mente iba desarrollándose a lo largo de la trayectoria vital de los individuos, y, a partir de una mez-

cla de decisiones acertadas y aprendizajes bien aprovechados, podía ir acercándose cada vez más a la verdad. Pero Darwin sostenía que el encéfalo humano ha sido creado en la misma fragua en
la que se crean todos los órganos de cualquier especie animal. Es
más, Darwin creía que la sofisticación de nuestras capacidades
cognitivas se debía básicamente a que el cerebro había ido aumen-
tando a medida que nuestras generaciones de ancestros se iban
sucediendo, lo cual significaría que lo único que separa nuestro intelecto de cualquier otro producto de la evolución no es ni siquiera
un salto cualitativo producido en el pasado, sino una simple cuestión de incremento gradual.

Pero, por mucha controversia que acarrearan las ideas darwi-
nianas, lo cierto es que tuvieron un enorme impacto en los círculos académicos y científicos. La teoría de la evolución fue intro-
ducida en el terreno de la política poco después y sirvió como
legitimación para ideologías totalmente aborrecibles mucho antes de que los nazis llegasen al poder. Sin embargo, los trabajos
de Darwin estaban incompletos en gran medida. Por un lado, por
aquella época aún no se contaba con un registro fósil como el que
se puede estudiar hoy en día, lo cual significa que le faltaba base
empírica. Pero lo más importante era que no se sabía de qué
modo se transmitían las características entre generaciones. Afortunadamente, hoy sí sabemos cómo funciona el proceso de aparición de las especies gracias a la llamada síntesis evolutiva moderna, en la que se une la línea de investigación iniciada por
Darwin y los descubrimientos sobre genética.

Hoy sabemos que la evolución de las especies actúa a través
de dos procesos básicos: la aparición de mutaciones y fenómenos que regulan la frecuencia con la que estas variantes genéticas van apareciendo en generaciones futuras, como por ejemplo
la selección natural o la deriva genética.

DATO CURIOSO

Darwin no fue el primero en hablar de un proceso de evolución de las especies. Pocos años antes el naturalista francés Jean-Baptiste Lamarck ya había desarrollado una teoría similar, considerada la primera teoría de la evolución biológica. Pero para hallar los antecedentes a estas ideas debemos remontarnos hasta el siglo v a.C., época en la que el filósofo griego Empédocles desarrolló una curiosa teoría sobre la evolución: afirmaba que en un principio los distintos órganos y partes del cuerpo estaban distribuidos al azar e iban reptando por el suelo como si fuesen organismos autónomos hasta llegar a un punto en el que dos o más de ellos se encontraban y se asociaban, creando combinaciones aleatorias que la mayor parte de las veces daban como resultado aberraciones que no lograban sobrevivir. Sin embargo, en ocasiones puntuales el producto de esta unión podía llegar a ser viable, y a partir de un efecto acumulativo iban tomando forma los diferentes individuos.

¿CONDUCTA FLEXIBLE O PROGRAMADA?

Si aceptamos la idea de que la nuestra es otra de tantas especies creadas con el fin de que cada uno de sus miembros sobreviva el tiempo necesario para dejar descendencia, es fácil llegar a la conclusión de que nuestra mente ha sido tallada también como un instrumento que debe responder a estos fines.

Ahora bien, ya hemos visto que mientras que el aprendizaje es la capacidad para adaptarse a situaciones imprevistas, nuestros genes son producto en gran parte de una selección que ha durado millones de años y que tiene que ver con presiones constantes y uniformes sobre nuestros ancestros. No todos tenemos la necesidad de estudiar cierta carrera para adaptarnos de la mejor manera a las circunstancias que nos ha tocado vivir durante los próximos años, pero todos necesitamos comer, beber y tener acceso a zonas de refugio. ¿Significa esto que la adaptación al medio que se ha producido a lo largo de generaciones como producto de la evolución no tiene nada que ver con la adaptación al medio que improvisamos nosotros mediante el aprendizaje y la toma de decisiones? ¿Acaso los genes y el aprendizaje funcionan a partir de lógicas que no tienen nada que ver? O dicho de otro modo, ¿hay unas conductas que están producidas por la genética y otras que son fruto del aprendizaje (voluntario o involuntario) y la interacción con el entorno?

La respuesta rápida es que no: los genes tienen un papel en todo lo que hacemos, incluido el aprendizaje. Por ejemplo, es el código genético el que pone ciertos límites a la plasticidad cerebral para que no podamos vernos influidos por cualquier experiencia de cualquier manera. Además, el simple hecho de que la anatomía de los miembros de nuestra especie sea tan parecida hace que seamos más proclives a comportarnos de ciertas maneras y no de otras. Por otro lado, aunque los instintos no modelen nuestra dimensión psicológica tal y como ocurre en algunos animales como los insectos, eso no significa que no tengamos predisposiciones innatas. Es más, ni siquiera la conducta del resto de los animales se explica sólo a partir de instintos, sino más bien de un aprendizaje guiado por los genes.

Un claro ejemplo de cómo el aprendizaje puede estar tan influido por los genes que parece un instinto lo encontramos en un fenómeno llamado *impronta*, descubierto por uno de los padres de la etología, Konrad Lorenz. Este zoólogo observó en las familias de gansos que criaba cerca de su casa que los polluelos establecían un vínculo filial con la madre de manera inmediata, pero cuando faltaba ésta, podían llegar a establecerlo también con una madre adoptiva. Las crías estaban predispuestas genéticamente a establecer un fuerte vínculo con lo primero que veían moverse tras salir del huevo; desde entonces se conoce como impronta a aquellos aprendizajes rápidos que sólo se pueden realizar en un período crítico (es decir, un momento muy concreto y no en otro). La impronta no puede ser clasificada como un instinto, porque no es independiente de la experiencia acumulada, y su existencia depende del modo en el que se interactúa con el entorno durante cierto lapso de tiempo, pero tampoco es un aprendizaje normal, porque sólo se puede realizar en un momento determinado. Es, en definitiva, un aprendizaje que a pesar de estar fuertemente guiado por los genes, deja espacio para la adaptación al medio. De hecho, la impronta es tan flexible que el propio Konrad Lorenz pasó a ser «la madre» de una generación de gansos que lo seguían a todas partes.

La impronta es una muestra de que la existencia de genes que afectan al comportamiento no implica que este comportamiento sea rígido e independiente del ambiente. En el caso de los seres humanos existe otro ejemplo en el que una habilidad sólo puede ser aprendida durante un período crítico: el lenguaje, un instrumento que nos ha permitido adaptarnos de muchas maneras a una variedad infinita de situaciones pero que, paradójicamente, existe gracias a una herencia genética que lo permite. Pero lo más importante es que la impronta muestra que la razón de ser de los genes no radica en hacer que actuemos de maneras estereotipadas independientemente de cómo nos afecta el entorno, sino que ellos mismos han sido creados como resultado de la presión del ambiente. Nuestra herencia no es sólo genética, sino también ambiental. Todos nacemos con genes parecidos, pero también nacemos con variables ambientales similares: vivimos en tierra firme y no en el agua, casi siempre disponemos de la ayuda de adultos que nos protegen desde el primer momento, tenemos la ocasión de aprender a distinguir voces desde antes de nacer, nuestra dieta durante los primeros meses de vida es similar, etc. Esta herencia contextual influye en determinar qué genes resultan más ventajosos y cuáles no tanto, y en consecuencia parte de nuestro código genético llega a estar diseñado para aprovecharse de estas variables contextuales que muy probablemente van a darse en nuestra interacción con el entorno: los genes que hacen posible que aprendamos a hablar son seleccionados favorablemente por la evolución a pesar de que el hecho de tenerlos no garantiza que vayamos a aprender a hablar, ya que para ello hay que nacer en un contexto que lo haga posible.

Hoy en día se considera que, en lo que respecta a las áreas de estudio de la psicología, no se puede distinguir claramente entre predisposiciones genéticas y factores ambientales, que dependen del contexto en el que vivimos, básicamente porque la acción de los genes no está desligada de las influencias del entorno. Para expresar esta idea se suele utilizar la metáfora de la receta de cocina: un plato puede tener muchas versiones distintas dependiendo de lo que hagamos con los ingredientes. Además, ni siquiera podemos fiarnos demasiado de las investigaciones sobre recién nacidos para saber qué conductas están determinadas genéticamente: para cuando hemos salido del útero, ya hemos tenido la posibilidad de interactuar con el ambiente y realizar ciertos aprendizajes, entre ellos familiarizarnos con tonos de voz y ciertos sonidos. De hecho, el feto ya ha tenido ocasión de «dialogar» con la madre a través del sentido del tacto y el oído.

En definitiva, no resulta nada fácil saber hasta qué punto nuestras conductas se deben más a los genes o al ambiente, porque allí donde hay una persona con unos códigos de ADN determinados también hay un ser que ha interiorizado ciertos aprendizajes y se ha empapado de la cultura en la que vive. Por esta razón

DATO CURIOSO

Uno de los casos más evidentes de la importancia del contexto como elemento que da forma a nuestros procesos mentales fue el del «niño salvaje», un pequeño llamado Víctor que fue abandonado con pocos años de edad en unos bosques cerca de Toulouse, en Francia, a principios del siglo XIX. El pequeño Víctor, que a pesar de estar completamente solo había logrado sobrevivir alimentándose a base de plantas y frutos salvajes, fue encontrado por casualidad por una familia de burgueses, quienes lo acogieron en su casa. Una vez a resguardo, Víctor, que ya contaba unos once o doce años de edad, presentaba una nula capacidad para comunicarse verbalmente; sólo emitía gruñidos y sonidos guturales y por tanto no era capaz de hablar como cualquier otro joven de su edad. Además, caminaba totalmente encorvado, como un mono, y aunque la familia de acogida lo acomodaba cada noche para que durmiera en una cama, Víctor prefería descansar tumbado en el suelo.

Con el tiempo, Víctor aprendió algunas nociones asociadas al habla, con las que se pudo comunicar un poco mejor con su entorno. Sin embargo, sus capacidades intelectuales, cognitivas y motoras quedaron mermadas para el resto de su vida, a pesar de los esfuerzos de médicos y pedagogos de su entorno por enseñarle a comportarse como un chico más de su edad. El caso de Víctor d'Aveyron no sólo ejemplifica la importancia de la educación en las primeras etapas de la vida, donde se desarrollan aspectos tan trascendentales como el lenguaje y la empatía, sino también el complejo proceso de desarrollo cognitivo que todos, desde que nacemos, experimentamos, y que está ligado a la influencia de la sociedad en la que vivimos. Los demás no sólo están ahí para meternos ciertas ideas en la cabeza; también dan forma a nuestra manera de pensar, y lo hacen hasta un punto difícil de imaginar.

hoy en día las afirmaciones categóricas del tipo «Este comportamiento está producido por un gen» se toman cada vez menos en
serio: el ambiente desempeña un papel en todo nuestro repertorio de conductas, lo cual no significa que los datos acerca de
nuestro ADN no puedan utilizarse para estimar las probabilidades de que tengamos uno u otro tipo de personalidad, mayor o
menor propensión a tener un estilo de comportamiento determinado, etc.

LA PSICOLOGÍA EVOLUCIONISTA

Una importante faceta de la psicología se basa en el papel de
la herencia genética como algo que revela información importante sobre quiénes somos y por qué nos comportamos del modo en
el que lo hacemos. Por ejemplo, en la órbita del conductismo y en la
psicología comparada en general se entiende que los primates y
ciertos grupos de mamíferos y aves son algo así como un modelo
simplificado de seres humanos en el que resulta más fácil descubrir los fundamentos de nuestra conducta. Sin embargo, hay un
tipo de acercamiento a la psicología que no se limita a dar por
supuesto que los genes influyen en nuestro comportamiento, sino
que trata de explicar nuestras características comunes como especie a partir de la historia de nuestra evolución. Este acercamiento que trata de aplicar la teoría de la evolución de Darwin a la
psicología se conoce como psicología evolucionista.

La psicología evolucionista es un tipo de planteamiento que
trata de explicar los mecanismos psicológicos que definen nuestra conducta a la luz de lo que sabemos acerca de nuestro pasado
evolutivo. Si bien es discutible en qué momento apareció, ya que
bebe de otras disciplinas como la etología o la sociobiología, se

considera que la obra fundacional que dio paso a la psicología evolucionista es *The Adapted Mind: Evolutionary Psychology and the Generation of Culture*, publicada en 1992. Se considera que los pioneros de este enfoque fueron la psicóloga Leda Cosmides y su marido, el antropólogo John Tooby, autores de un capítulo en el que se pone el énfasis en la necesidad de que la psicología se integre con la biología y las ciencias naturales, y en el que se presenta la idea de que la mente humana es un conjunto de adaptaciones al entorno explicadas por nuestro desarrollo evolutivo como especie.

La psicología evolutiva, pues, propone la creación de hipótesis a partir de lo que sabemos sobre nuestros antepasados, los entornos en los que vivieron y el modo en el que interactuaban con éstos. Por supuesto, las suposiciones acerca del pasado no son una base empírica que permita comprobar o refutar ideas, así que por sí solas no son suficientes; es necesario poner a prueba nuestras ideas a través del método científico.

Por otro lado, una de las ideas que ha acompañado a la psicología evolucionista es que nuestra mente es un conjunto de «módulos» seleccionados por la naturaleza de manera más o menos independiente. Eso significa que en nuestro cuerpo (concretamente, en nuestro encéfalo) hay unidades que en parte son funcionalmente independientes y están especializadas en aportarnos ventajas para adaptarnos al medio. En vez de apelar al modo en el que distintas redes neuronales se coordinan para activarse juntas, esta teoría enfatiza el carácter único y especializado de las diversas partes anatómicas del sistema nervioso central.

ALGUNAS HIPÓTESIS

Hoy en día, la psicología evolucionista recibe mucha atención por las posibilidades que ofrece a la hora de explicar y predecir la conducta de, básicamente, todas las poblaciones humanas. Si algunas disciplinas como la genética conductual ponen el acento en las diferencias individuales producidas por variaciones genéticas, la psicología evolucionista, con representantes tan importantes como Steven Pinker a la cabeza, trata de nuestros orígenes y tendencias comunes, los fundamentos biológicos que parecen explicar tendencias identificables en todos los miembros de nuestra especie.

Por ejemplo, desde la psicología evolucionista se han formulado teorías sobre por qué las personas de sexo masculino son más propensas a mostrarse agresivas. Éste podría ser un rasgo adaptativo creado por la evolución y que tendría sentido en una época en la que los machos debían competir por las hembras. Así, mientras que las hembras de todas las especies de mamíferos tienen la oportunidad de saber exactamente qué crías son suyas y cuáles no lo son y, por lo tanto, muestran mayor propensión a sacrificar tiempo y esfuerzo en cuidar de su descendencia (ya que desde el punto de vista de la evolución es una inversión que compensa), los machos tienen que luchar para poder reproducirse, ya que su valor como criadores es menor. Hipotéticamente, el hecho de que nuestra ascendencia haya sido diseñada para este reparto de roles habría hecho que nuestra genética haya quedado tallada de manera que el sexo masculino en general sea más propenso a la violencia física.

Otra idea hipotética en la que se ha trabajado durante años en la psicología evolucionista es el efecto Westermarck. Según ésta, los seres humanos tenemos una tendencia innata a no encontrar

sexualmente atractivas a aquellas personas con las que hemos
crecido en nuestros primeros meses o años de vida. Esto sería
algo útil para garantizar la supervivencia, ya que haría más difícil
la aparición del incesto y, por lo tanto, que nuestra descendencia
tenga problemas de salud. A fin de cuentas, una buena parte de
las personas con las que pasamos la mayor parte del tiempo
durante nuestra primera infancia son familiares. Sin embargo, el
efecto Westermarck tendría la contrapartida de que también se
aplica en nuestras relaciones con las amistades de la infancia
que no comparten lazos de sangre con nosotros.

Desde la psicología evolutiva también se han propuesto teorías
sobre cómo se originó el uso del lenguaje. Robin Dunbar, por ejemplo, dio a conocer una hipótesis según la cual el lenguaje tiene su
fundamento y su valor adaptativo en el *gossip* (cotilleo), que entendido en un sentido amplio es la actividad de intercambiar con los
demás información biográfica de todo tipo. El hecho de poder hablar sobre las personas, independientemente de si éstas están
presentes o no en el lugar, habría actuado como pegamento social, permitiendo la creación y el mantenimiento de comunidades

relativamente grandes de personas que son muy buenas garanti-
zando la seguridad de sus miembros. Así, mientras que otros primates establecen lazos acicalándose los unos a los otros, los seres humanos pueden establecer más relaciones con los demás en
mucho menos tiempo del que usan el resto de animales.

11

PSICOLOGÍA SOCIAL
LA INTERACCIÓN ENTRE INDIVIDUO Y GRUPO

No hay duda de que como individuos tenemos la capacidad para modificar ciertos aspectos de nuestro entorno, de influir en él. Pero, del mismo modo, el entorno también influye de forma decisiva en lo que nosotros hacemos, lo que pensamos y cómo nos sentimos. En concreto, hay un elemento del mundo externo que ejerce una fuerza importantísima sobre nosotros: los demás. Para comprobarlo basta con revisar, por ejemplo, teorías sobre cómo aprendemos patrones de conducta útiles a partir de nuestras relaciones con otras personas.

La importancia de la sociedad es tal que sus efectos sobre nosotros pueden ser inmediatos. En cuestión de minutos o incluso de segundos, la presencia real o imaginada de otros puede hacer que nos comportemos siguiendo unas lógicas totalmente distintas a las que definen nuestra manera de ser y nuestras actuaciones. El simple hecho de sentir que formamos parte de una dinámica social dada hace que nuestra dimensión psicológica adopte una u otra forma atendiendo al contexto de interacción. En los casos más extremos, da la sensación de que no actuamos por propia voluntad, sino que dejamos que la situación tome los mandos de la acción y se exprese a través de nosotros. Es casi como si entrásemos a formar parte de un campo de fuerza.

La comparación entre las situaciones sociales y los campos de fuerza estudiados por la física no es nueva. La estableció hace años un psicólogo llamado Kurt Lewin, y la plasmó de manera explícita en su teoría del campo sobre el comportamiento humano.

Según Lewin, un campo es un entorno psicológico que ejerce una serie de fuerzas sobre los individuos y los grupos, y que tiene que ser estudiado y comprendido como algo global, no a partir de un análisis de cada una de sus partes por separado. Esta definición es ambigua y confusa porque el objeto de estudio que Lewin se fijó también era increíblemente amplio. Al igual que los gestaltistas que estudiaban la percepción, Lewin consideraba que la psicología debe observar la totalidad de los hechos que dan forma a la experiencia (y no sus «piezas»), y que a la vez cada aspecto de esta totalidad depende de su relación con el resto. Estas ideas lo diferenciaban claramente de los psicólogos conductistas, que aunque también investigaban el tema de la influencia del entorno sobre los individuos, sólo tenían en consideración aquello que entraba en sus unidades analíticas de estímulo-respuesta; sus investigaciones eran muy rígidas y se realizaban normalmente en un ambiente de laboratorio, no «sobre el terreno». Por el contrario, la teoría del campo destacaba que las situaciones de interacción son dinámicas y que, más que buscar líneas simples de causalidad del estilo «A produce B», lo importante es ayudar a que los individuos y los grupos encuentren su equilibrio con su entorno.

El entorno, por supuesto, está compuesto por agrupaciones y colectivos en los que se dan relaciones humanas que pueden degenerar o pueden favorecer el que cada persona encuentre su lugar. En este sentido, una de las áreas de investigación de Lewin que recibió más atención fue su estudio sobre los estilos de liderazgo. A partir del estudio de tres tipos de líderes (democrático, anárquico y autoritario), concluyó que las situaciones óptimas se solían dar en los grupos en los que primaba más la dinámica de relaciones basada en la democracia.

Hoy en día, las ideas de Lewin se consideran más como parte de una filosofía que como piezas de un modelo que resulte útil para la psicología. Sin embargo, uno de sus grandes méritos fue hacer que en el seno de la psicología surgiera un nuevo ámbito de investigación e intervención.

Esta interacción bidireccional entre individuo y grupos se estudia desde la psicología social, una importante rama de la psicología (y lugar de encuentro con muchas ciencias sociales) que aborda el modo en el que los procesos mentales y la conducta observable de las personas se ve influida por las dinámicas de interacción social, haciendo que éstas cambien. En este capítulo veremos algunas de las teorías y experimentos más importantes de esta área de la psicología.

SOLOMON ASCH Y EL ESTUDIO DE LA CONFORMIDAD

Vivir colectivamente significa seguir ciertas normas para poder beneficiarse de las ventajas de vivir en sociedad. Se trata de un sacrificio del que hace ya tiempo hablaron filósofos como Thomas Hobbes o Jean-Jacques Rousseau y que pudo empezar a ser objeto de estudio científico cuando apareció la psicología social y su uso del método experimental. La existencia de normas hace que la vida sea menos caótica y que el riesgo ante todo tipo de peligros disminuya, pero, lamentablemente, para poder aprovecharnos de estas ventajas debemos mostrar un cierto grado de conformidad no sólo ante las normas explicitadas en la ley, sino ante todo tipo de formas de presión social que van apareciendo y desapareciendo dependiendo del contexto y de con quién nos encontremos. La conformidad, por lo tanto, es algo que no responde sólo a la necesidad de ceñirse a las leyes para evitar un castigo determinado.

Uno de los primeros psicólogos en investigar sobre la conformidad a través de experimentos fue el estadounidense Solomon Asch. En concreto, Asch se propuso estudiar el modo en el que la opinión de la mayoría tiene la fuerza de doblegar opiniones individuales hasta el punto de hacer que aceptemos y alimentemos puntos de vista claramente erróneos. Para ello, durante los años cincuenta realizó una serie de pruebas en colaboración con algunos estudiantes que se compinchaban con él para simular que eran participantes normales de un experimento y engañar a los participantes reales. De hecho, el grupo de supuestos voluntarios estaba compuesto por colaboradores de Asch y por una única persona que no sabía de qué iba realmente el experimento. La tarea de estas personas conchabadas consistiría en ejercer presión grupal para poder comprobar si la opinión de los participantes reales se ajustaba a la opinión generalizada de los demás.

El tipo de experimento que llevaban a cabo Asch y sus colaboradores era bien sencillo: se les presentaba a todos los miembros del grupo una tarjeta con una serie de líneas rectas de longitudes variables y colocadas verticalmente y se les pedía que dijeran, a su juicio, cuál de ellas se parecía más a otra línea que estaba colocada aparte en otra tarjeta; se trataba de un ejercicio diseñado para que la respuesta correcta fuese casi evidente. Todos los miembros del grupo veían a la vez las mismas líneas, y cuando al participante real le tocaba dar su respuesta, ya había escuchado las del resto de los miembros del grupo.

Durante los primeros ejercicios de cada sesión, los participantes compinchados con Asch se limitaban a actuar como un voluntario normal, dando la respuesta correcta. Sin embargo, cuando ya habían pasado seis ensayos con diferentes tarjetas, todos daban la misma respuesta incorrecta, con lo cual la persona que estaba siendo estudiada pasaba a encontrarse en una situación desconcertante: la respuesta correcta parecía clara, pero el resto de las personas había llegado a una solución distinta en bloque. Sorprendentemente, en casi un tercio de las ocasiones en las que los colaboradores elegían la línea errónea, los participantes reales también daban una respuesta equivocada, a pesar de que en los ensayos en los que no se había generado presión grupal se acertó prácticamente siempre. Además tres cuartos de los participantes reales dieron una respuesta incorrecta al menos una vez. Estos datos evidenciaban que la tendencia a conformarse con la opinión mayoritaria había sido poderosísima y muy clara.

Sin embargo, en estos resultados existían matices. Por ejemplo, la presión social no existía cuando sólo había un participante compinchado, sino que empezaba a surgir a partir de dos colaboradores, se veía reforzada con tres o cuatro, y se estancaba cuando había más de cuatro de ellos a la vez. Pero parte de la presión social no se encontraba tanto en la cantidad de personas que daban la respuesta errónea como en la unanimidad. Cuando los participantes compinchados no emitían a la vez una misma respuesta errónea, los sujetos tendían a ser congruentes y elegían la opción correcta.

Los experimentos de Asch dan una versión pesimista acerca del papel que el conformismo tiene sobre la sociedad. A fin de cuentas, la existencia de consenso no garantiza que todos estemos en lo cierto sobre algunas cosas, y la conformidad puede hacer que, irónicamente, la existencia del propio consenso nos aleje de la verdad. Sin embargo, hay que puntualizar que las investigaciones de Asch se basaron en experiencias realizadas en ambiente de laboratorio y con unas reglas muy claras y simples, lo cual hace que su poder para explicar cómo funciona la conformidad en nuestra vida real sea relativa.

LA OBEDIENCIA A LA AUTORIDAD: EL CASO DE MILGRAM

Después de la segunda guerra mundial, la joven rama de estudios que había inaugurado unos años antes Kurt Lewin recibió mucha atención al ser una potencial fuente de respuestas acerca de cómo se podía originar una conducta tan aberrante por parte de grandes colectivos de personas. En este sentido, uno de los estudios más importantes en psicología social fue el que coordinó Stanley Milgram en el año 1961. Esta línea de investigación pretendía explicar el horror vivido en la época del Holocausto nazi, ya que Milgram se preguntó si sería posible que todos los soldados y funcionarios de la época del Tercer Reich que fueron partícipes del genocidio fueran trastornados mentales, o si por el contrario fue el contexto y la normalización de la represión el caldo de cultivo perfecto para que muchos aliados del régimen actuaran como meros ejecutores de órdenes.

Con esta pregunta de fondo, Milgram preparó una máquina con treinta interruptores que generaban descargas eléctricas. En cada interruptor estaba convenientemente indicada la cantidad de voltios que descargaba. El primero estaba asociado a una potencia de 15 voltios y el último, a una de 450 voltios. Es decir, los primeros interruptores generarían una descarga muy leve, mientras que los últimos serían potencialmente letales si un ser humano recibía el chispazo, algo que también estaba indicado en la tabla de interruptores mediante un aviso de «peligro».

Se convocaron un total de 40 voluntarios, todos hombres, a quienes se les explicó que iban a formar parte de un experimento relacionado con la memoria, la atención y el aprendizaje, en el cual algunos de ellos harían de alumnos y tendrían que memorizar pares de palabras, mientras que otros serían maestros y dirían en voz alta una serie de palabras para que el otro intentara responder correctamente. Además, la tarea de los maestros incluía la misión de suministrar al que hacía de alumno descargas eléctricas cada vez que fallase.

Lo que ellos no sabían era que en realidad el aparato era falso y no emitía corriente alguna y que la persona que haría de alumno era en realidad un cómplice de los investigadores y que tenía el cometido de fallar adrede y fingir dolor cuando se pulsaran los interruptores como si estuviera realmente sufriendo las descargas eléctricas.

Al comenzar la prueba, cada uno de los voluntarios pudo conversar con los investigadores y con otra persona que les fue presentada como otro sujeto del experimento, que era en realidad el cómplice en cuestión. Ambos participantes sacarían un papel de una urna que les indicaría cuál de los dos iba a ser el «maestro» y cuál el «alumno» durante la prueba. Por supuesto, el sorteo estaba manipulado para que el voluntario fuera siempre el «maestro». El sujeto en cuestión, ya con el rol de maestro, veía cómo el alumno era atado a una silla y cómo se le colocaban varios electrodos. Justo después, el sujeto era ubicado en otra sala contigua, en la que manejaría el generador de descargas, pero sin contacto visual con el alumno.

Una vez situado delante del generador de descargas, el sujeto era instruido para enseñar algunas palabras al alumno. Si el alumno fallaba su respuesta, el sujeto, cumpliendo la orden de los investigadores, debía propinarle un castigo en forma de descarga eléctrica. Por cada error, tendrían que sumar 15 voltios, y así hasta que en un momento comenzaban a oírse los lamentos simulados del alumno.

Si durante el transcurso de la prueba el sujeto quería hablar con el experimentador, éste contestaba con una respuesta predefinida, alentando al maestro a seguir adelante con el experimento. Además, si el sujeto preguntaba al investigador quién se hacía responsable del estado de salud del alumno, se le respondía: «Yo soy el responsable». Esto proporcionaba una cierta sensación de amparo y exculpación al sujeto.

Los resultados de esta investigación fueron sorprendentes. Las hipótesis de Milgram, previas al estudio, planteaban que solamente entre un 1 y un 3% de los sujetos llegarían a aplicar la descarga más potente, atendiendo a un perfil psicopático, pero la realidad fue bien distinta. Muchos sujetos se pusieron nerviosos, pero absolutamente todos, los 40 participantes, llegaron a aplicar (o, más bien, intentar aplicar) descargas de hasta 300 voltios a otro ser humano. Y hasta 25 de los 40 participantes continuaron con el falso experimento hasta accionar el interruptor de la última descarga, de 450 voltios.

DATO CURIOSO

En lo relativo a la obediencia a la autoridad, otra de las investigaciones en psicología social más conocidas fue la que dirigió el psicólogo estadounidense Philip Zimbardo en la Universidad de Stanford a principios de los años setenta. Zimbardo quería observar en qué medida el hecho de asumir un rol de poder o uno de sumisión podía transformar la conducta de personas sin trastornos mentales diagnosticados. Para ello recreó una cárcel a pequeña escala en el sótano de la universidad y reclutó a 21 estudiantes como voluntarios para llevar a cabo un experimento que iba a durar quince días.

Los estudiantes tenían que representar el rol simulado de guardia o preso y permanecer recluidos en las instalaciones de la facultad. Se repartieron los roles aleatoriamente y se realizó una simulación de arresto, paso por comisaría y entrada en prisión. Allí, los estudiantes deberían representar lo más fidedignamente posible las condiciones humanas de una cárcel cualquiera, obedeciendo los «prisioneros» a los guardias, y estos últimos obedeciendo a su vez al equipo de investigadores, que darían las instrucciones oportunas.

Una vez comenzada la experiencia, los prisioneros fueron encerrados en celdas y los guardias tomaron el control de la situación. A pesar de ser un experimento y ser todos conscientes de ello, los guardias iniciaron una serie de acciones represivas que incrementaron la tensión. Hubo castigos, humillaciones, empujones y hasta motines. El grado de sufrimiento y malestar llegó a ser tan alto que Zimbardo puso fin al experimento al cabo de seis días.

Este caso representa un ejemplo de cómo la situación transforma la conducta y las motivaciones de las personas. Según Zimbardo, esta experiencia prueba cómo las presiones situacionales, reales o ficticias, pueden hacer que cualquier individuo cometa los actos más aberrantes. Sin embargo, el diseño de la investigación tiene demasiadas flaquezas metodológicas como para poder sacar conclusiones válidas a partir de él.

El 65 % llegó hasta la descarga de 450 voltios, una descarga potencialmente letal y en un momento donde el alumno daba signos de haber perdido la conciencia desde hacía rato, pudiendo estar en un estado próximo al coma o incluso a la muerte. Además, ningún sujeto decidió parar el experimento cuando el alumno suplicaba clemencia y decía que sufría problemas de corazón.

Para los medios de comunicación, esto fue una prueba del poder de la obediencia a la autoridad, que explicaría la participación de decenas de miles de funcionarios y cargos medios en genocidios como el de la masacre nazi. Si bien comprobaciones recientes han demostrado que el estudio realizado por Milgram tuvo fallos muy serios que le habrían restado todo su valor si se hubiera realizado bajo las exigencias metodológicas y éticas con las que se trabaja hoy en día, y de hecho el propio Milgram dejó por escrito las dudas que tenía acerca del valor científico del estudio realizado con las falsas descargas eléctricas, lo cierto es que la experiencia ha sido repetida muchas veces a lo largo de la segunda mitad del siglo xx y xxi (con algunas variaciones) y curiosamente los resultados obtenidos no son muy diferentes a los que se obtuvieron la primera vez. Estos nuevos datos nos hablan de que el sorprendente poder de la obediencia a la autoridad cuenta con un fundamento empírico razonable.

TEORÍA DE LA ATRIBUCIÓN

Cada día interactuamos con otros seres humanos, cada uno de los cuales tiene sus propias motivaciones y objetivos. Como consecuencia, una parte de nosotros está siempre pensando en cuál es el sentido de las acciones y pensamientos de los demás y de los nuestros propios. Y no lo hacemos de manera totalmente impredecible; algunos psicólogos han encontrado ciertos patrones que definen el modo en el que explicamos lo que motiva las acciones. Estas pautas quedan recogidas en la teoría de la atribución, es decir, la teoría sobre cómo hacemos una estimación sobre cuáles son las causas de una conducta dependiendo del contexto.

Fritz Heider dejó fijadas las bases de la teoría de la atribución al explicar que tendemos a buscar las causas de una acción en aspectos internos de la persona que la realiza (como sus actitudes o su capacidad para hacer algo) o a factores externos a ésta y relacionados con el contexto, pero no a ambos a la vez. Se trata de un fenómeno en el que la explicación más simple tiene más peso que hipótesis rebuscadas, y nos permite llegar a conclusiones fáciles rápidamente. Además, recuerda mucho a la teoría sobre la disonancia cognitiva de Festinger. En ambos casos se muestra una tendencia a buscar la pureza de las ideas, sin admitir zonas grises, verdades relativas o contradicciones aparentes.

Igual que ocurre en muchos otros casos en los que nos guiamos por intuiciones rápidas sobre lo que ocurre, las atribuciones no están libres de error. En concreto, se ha descrito una tendencia a sobredimensionar la importancia de las causas internas (personales) en detrimento de las externas (pertenecientes al contexto) cuando estamos evaluando las acciones de los demás. Por ejemplo cuando decimos: «El profesor la toma conmigo porque tiene mal genio».

Lo cual podría ser más o menos cierto en ese caso concreto, pero se basa en una norma que se aplica siempre sobre los demás y no tanto sobre uno mismo. A esta tendencia se la conoce como el error fundamental de atribución. Pero, por supuesto, el error fundamental de atribución no actúa sólo; tiene otros compañeros de viaje que convierten nuestra evaluación sobre las causas de la conducta en algo bastante sesgado. En concreto, se ha observado que, salvo en casos de personas diagnosticadas con depresión, cuando tenemos que justificar nuestras actuaciones tendemos a atribuir los resultados positivos a aspectos internos de nosotros mismos («He sido ascendido porque tengo un buen rendimiento»), mientras que cuando los resultados son negativos lo atribuimos a factores externos («Me han despedido porque la filosofía de la empresa no encaja conmigo»).

Es posible que la existencia de esta tendencia, llamada sesgo por el interés personal, tenga que ver con un mecanismo para proteger nuestra autoestima de los embates que de vez en cuando nos da la vida, pero también es fácil llegar a la conclusión de que, si se da en exceso, evita que lleguemos a aprender cosas útiles acerca de nuestras propias limitaciones o aspectos que podemos mejorar. Pero ¿qué ocurre cuando los sesgos de atribución pasan de ser un problema individual a suponer un reto a nivel colectivo?

Uno de los fenómenos que puede resultar más dañino a nivel global e incluso político es lo que se conoce como «hipótesis del mundo justo», o la creencia de que cada persona tiene lo que se merece. Se trata de una idea reconfortante, ya que establece una correspondencia entre quién tiene el control y las consecuencias que tienen estas acciones, lo cual sirve para sostener dos creencias bastante atractivas: que todos tenemos control sobre lo que nos ocurre y que existe la justicia más allá de los juzgados.

El psicólogo Melvin Lerner investigó hasta qué punto creemos que la gente con malas intenciones es castigada y que las personas buenas reciben sus recompensas, y comprobó que incluso se cumplía cuando la consecuencia de una acción tenía poco o nada que ver con los méritos propios; las personas estudiadas tendían a evaluar de manera más positiva a quien había ganado una lotería que a los que no la habían ganado, a pesar de que habían sido informados de que sólo era una lotería.

Lerner llegó a la conclusión de que la hipótesis del mundo justo puede llegar a ser nociva para la sociedad, ya que nos predispone a culpar a las personas que son víctimas de ciertas injusticias al hacer difíciles la tarea de diferenciarlas de las castigadas por «motivos válidos». Esto, en un mundo en el que el simple hecho de nacer en uno u otro país es un potente predictor del nivel de salud y riqueza que se va a tener, es algo que merece tenerse en cuenta.

¿ALTRUISTAS O ESPECTADORES?

Una ventaja importante de vivir en sociedad es que contamos con ciertas garantías de que los demás no dejarán que suframos. Incluso cuando no tenemos nada material que dar a cambio, el resto de las personas nos puede procurar ayuda hasta ciertos límites, incluso en situaciones que hemos provocado nosotros. No resulta tan sorprendente, si tenemos en cuenta que nos gusta saber que vivimos en un entorno en el que incluso los desconocidos pueden dedicar esfuerzos a guardarnos las espaldas.

En la práctica, sin embargo, no está tan claro que las leyes del altruismo sean tan claras como la norma «Si alguien necesita ayuda, se la darás». Por ejemplo, sabemos que existe el llamado efecto espectador, que es la tendencia a mantener una actitud pasiva ante una emergencia cuando hay otra gente que también puede actuar. Esto significa que, a medida que aumenta el número de espectadores, las posibilidades de que alguien actúe no aumentan. Aplicando el efecto espectador a casos en los que una persona necesita ayuda, se da el desconcertante fenómeno de que a pesar de que hay una gran variedad de potenciales ayudantes, justamente ese mismo hecho hace que nadie se decida a echar una mano.

Pero el efecto espectador no se explica sólo por que la responsabilidad de actuar en una situación quede diluida en la multitud y decidamos no sacrificar parte de nuestro esfuerzo sabiendo que probablemente lo hará otro; también influye el hecho de que cuantas más personas observan, más nos fijaremos en ellas para decidir qué es una emergencia y qué no lo es. Por el contrario, si hay pocas personas, el criterio de los demás no parecerá mucho más fiable que el propio.

Otro aspecto muy importante a la hora de considerar cómo ayudamos a los demás es el sentimiento de distanciamiento. Si llegamos a contactar empáticamente con alguien y lo sentimos como alguien próximo, probablemente sintamos una cierta obligación de prestarle atención y tener en consideración sus problemas. Esto lo saben perfectamente las ONG, que en sus campañas de publicidad optan por dar un protagonismo claro a las personas individuales y a sus historias personales, y no tanto a las estadísticas sobre los problemas que sufren los colectivos. De hecho, se ha observado que las personas tienden a donar más dinero cuando se les presentan fotografías y narraciones personales de gente que lo está pasando mal, y son menos generosas cuando en vez de eso se les presentan cifras que dan una visión global sobre los efectos devastadores de una hambruna o cualquier catástrofe colectiva.

12

LO INCONSCIENTE
LA CARA OCULTA DE NUESTRA VIDA MENTAL

Está bastante claro que, en muchos aspectos, los seres humanos estamos orgullosos de haber llegado a donde hemos llegado. A través de nuestra capacidad única para pensar en términos abstractos e inferir ideas sobre los estados mentales de los demás, hemos ido tejiendo un sistema de organización social tan complejo y rico como el entramado de ideas que nos pasan por la cabeza constantemente. Sabemos extraer conclusiones globales sobre nuestras experiencias pasadas y crear planes a partir de ellos, sabemos reconocer nuestros propios estados de ánimo y adaptarnos a ellos para evitar problemas, e incluso podemos autoinducirnos estados mentales concretos para lograr objetivos, ya sea viendo vídeos motivadores, poniéndonos cierto tipo de música, ensayando y practicando, etc. En definitiva, damos por supuesto que la vida es una sucesión de experiencias en las que tenemos el control de la situación. Sabemos perfectamente quién está al mando de lo que hacemos.

Excepto cuando no lo estamos.

Porque solapándose con esta sensación de fondo hay un zumbido incómodo que nos recuerda hasta qué punto la realidad de nuestra mente es bastante más compleja de lo que parece, pequeñas experiencias en las que una parte de nuestros actos responden a unos mecanismos que escapan a nuestra comprensión. Cuando tenemos que referirnos a estas lógicas misteriosas que de vez en cuando parecen guiar nuestros actos de manera extraña, solemos hablar de «el inconsciente».

Hoy en día, el estudio de los procesos mentales que se encuentran más allá de nuestra consciencia es un tema de tremenda relevancia tanto para la psicología como para las neurociencias. Investigaciones sobre este tema han ayudado a comprender mucho mejor el modo en el que opera nuestro sistema nervioso, y también han servido para poner sobre la mesa estrategias de intervención psicológica que tienen en cuenta lo que sabemos sobre las operaciones mentales automáticas que escapan al control de la atención de uno mismo. Por otro lado, los últimos descubrimientos acerca de lo subliminal y el funcionamiento del encéfalo nos han llevado a hacer bajar del pedestal la idea que teníamos sobre lo que es la naturaleza de la consciencia. Si antes creíamos que los procesos totalmente inconscientes eran una parte accesoria de la consciencia y que era en esta última donde residía lo que nos caracteriza como seres pensantes y racionales, hoy en día se tiende a poner el énfasis en la necesidad de que los procesos inconscientes no dependan de nuestro control. Además, como veremos, desde las neurociencias cada vez se tiende menos a asociar entre sí los conceptos de «control» y «consciencia».

LAS TEORÍAS FREUDIANAS SOBRE EL INCONSCIENTE

Sigmund Freud estableció contacto con el mundo de lo inconsciente a través de la práctica clínica de la hipnosis. Esta técnica venía utilizándose desde hacía siglos, pero nadie había creado un cuerpo teórico en el que se relacionase la hipnosis o el estado de trance con la existencia de instancias psíquicas que expliquen nuestros actos. Simplemente, se habían limitado a utilizarla para intentar curar, aliviar dolores o llevar a alguien hacia nuevas formas de pensamiento. En lo relacionado con este tipo de aplicaciones son famosos los casos de Franz Mesmer y José Custódio de Faria, que en el siglo XVIII trataban a pacientes mediante la sugestión.

En estas experiencias relacionadas con la hipnosis, Freud vio indicios de la existencia de una vida mental fuera del alcance de la consciencia, lo cual le animó a ir desarrollando teorías acerca de lo inconsciente. Nosotros destacaremos dos de estas teorías.

La primera de ellas describe tras ámbitos diferenciados de la mente: lo consciente, lo preconsciente y lo inconsciente. Lo «consciente» es la vertiente psíquica que nos hace conocedores de lo que ocurre en nuestro cuerpo y se manifiesta mientras estamos despiertos; digamos que es lo que resulta más evidente y fácil de reconocer cuando pensamos en nosotros mismos como seres con deseos e intenciones propias. Lo «preconsciente» hace referencia a esa parte de la psique que a pesar de no formar parte de lo consciente, en un momento determinado se puede acceder a él; se trata de algo parecido a una trastienda donde quedan almacenados recuerdos e ideas que no solemos utilizar. Lo «inconsciente» es la parte más importante del psiquismo, ya que las otras dos trabajan con contenidos que han salido de ésta, y contiene ideas, deseos y recuerdos que la parte consciente no puede procesar sin entrar en crisis. Por lo tanto, en lo inconsciente quedan guardados contenidos que están siendo reprimidos, aunque no nos demos cuenta, para que no perturben el funcionamiento global de nuestra mente. Aquellos contenidos de lo inconsciente que puntualmente no hace falta reprimir pasan a lo preconsciente, y desde ahí pueden ser registrados por la consciencia.

Más adelante, Freud intentó explicar el funcionamiento de la psique mediante su teoría de las estructuras yoicas. Según esta teoría, la mente está dividida en tres instancias en conflicto: el ello, el yo y el superyó. El «ello» es la primera en aparecer y es innata, con lo cual nacemos con ella. Hasta los dos años de vida es la encargada de dirigir nuestra conducta, y lo hace guiándose por el principio del placer, es decir, el mandato de buscar el máximo placer al instante, pase lo que pase, evitando el dolor. Se puede decir que la razón de ser del «ello» es la búsqueda de formas de gratificación. Poco después aparece el «yo» fruto de los aprendizajes que hemos ido realizando en nuestra interacción con el entorno. Se trata de una instancia que opera siguiendo el principio de realidad, según el cual es imposible tener todo lo que se quiere al momento y es necesario actuar planificando y prediciendo las consecuencias de nuestros actos para no salir perjudicados. Desde que el «yo» empieza a actuar, se enfrenta al «ello» para evitar que nos secuestre y nos haga lanzarnos hacia objetivos totalmente fuera de nuestro alcance. El «superyó» es la última de las estructuras yoicas en aparecer, y lo hace alrededor de los tres años de edad. A diferencia de las otras dos, que actúan guiadas por el egoísmo, el «superyó» contiene todos los principios morales que nos inculca la sociedad (normalmente a través de nuestros padres), y por eso su tarea es hacer que obremos haciendo el bien y evitando quebrantar ciertas normas de conviven-cia, lo cual lo lleva a querer ejercer control sobre el «yo» y el «ello».

Esta teoría muchas veces se explica utilizando la comparación con un iceberg para explicar la relación de cada estructura con la vertiente consciente o inconsciente de la psique. Así, el «ello» se coloca en la base del iceberg y permanece totalmente sumergido, ya que forma parte de lo inconsciente: a partir de él emanan im-pulsos primarios que el «superyó» trata de reprimir. Sin embargo, como el «ello» no está en contacto con la realidad, sólo puede dar resolución a los deseos mediante la imaginación y los actos refle-jos. Pero, por supuesto, el hecho de que los deseos que emanan del «ello» no sean realistas no evitará que esta estructura siga presionando a las otras dos para que bailen al son de sus pulsio-nes. El «yo», por su parte, tiene una vertiente inconsciente y otra

DATO CURIOSO

Freud se refería a las estructuras yoicas como «*das Ich*», «*das Über-Ich*» y «*das Es*», que en castellano se traducirían como el yo, el superyó y el ello. Sin embargo, a raíz de una de las primeras traducciones al inglés de la obra *La interpretación de los sueños*, también se suelen utilizar los términos ego, superego y ello.

Éste no es el único problema de traducción relacionado con los conceptos creados por Sigmund Freud. De hecho, aunque normalmente nos refiramos a esa misteriosa parte de la psique estudiada por Freud como «el inconsciente», el neurólogo austríaco prefería referirse a este concepto enfatizando su carácter personal y privado, lo que ha hecho que se debata si la traducción correcta del término es la que solemos utilizar o «lo inconsciente».

consciente, y se dedica a intentar buscar posibles resoluciones razonables a las pulsiones del ello mientras lucha contra éste (que lo quiere todo en el momento) y contra el guardián moral del «superyó» (que no quiere que toda la personalidad del individuo se doblegue ante el principio del placer). El «superyó», por su parte, también actúa desde lo consciente y lo inconsciente, y su tarea es intentar que el «yo» actúe de manera similar a como actuaría un «yo ideal» que esté guiado por la necesidad de amoldarse a las normas sociales escritas y no escritas que hagan referencia a cómo debe ser la persona ideal.

El superyó, por lo tanto, castiga o premia al yo dependiendo de si se acerca o se aleja del modelo ideal a seguir, mientras que el ello hace todo lo posible para que no nos parezcamos a nada que pueda estar relacionado con los buenos modales. El ello, aunque tiene fijados sus propios objetivos, intenta al mismo tiempo minimizar la influencia de las otras dos estructuras para evitar problemas; si el ello pasa a tener el control total de la situación, nos pondrá en peligro y además nos introducirá en una dinámica en la que nos frustraremos a cada segundo por no poder satisfacer nuestros deseos, mientras que si el superyó es el que tiene la hegemonía, el ello puede llegar a producir explosiones emocionales o crisis serias. En consecuencia, el yo debe explorar el entorno y juzgar en qué momentos clave y de qué manera pueden satisfacerse las pulsiones, mientras aplica mecanismos de defensa para evitar que el conflicto entre el ello y el superyó genere demasiada ansiedad. Estos mecanismos de defensa son, en esencia, estrategias para distorsionar la realidad de manera inconsciente.

Entre el repertorio de mecanismos de defensa propuesto por Freud se encuentran, por ejemplo, la desviación (la satisfacción ficticia de los deseos a través de actividades alternativas que pueden ser realizadas exitosamente, como por ejemplo dirigir a un amigo el mal humor que hemos acumulado por algo que ha dicho nuestro jefe), la negación (negar la existencia de un deseo) o la racionalización (justificar a posteriori acciones que normalmente encontraríamos reprobables o cobardes).

Para Freud, lo inconsciente es algo que no sólo se caracteriza por no ser consciente, sino que está situado en una matriz de relaciones entre estructuras psíquicas que hace que buena parte de sus contenidos tengan que ser reprimidos por el bien de la estabilidad global de la psique. La noción freudiana de lo inconsciente es, pues, muy particular. No se puede entender como cualquier forma en la que lo que ocurre en nuestra mente escape al control de ese centinela que aparentemente es la consciencia, ya que debe verse a través de las lentes de la psicodinámica que él fundó. Y, como gran parte del mundo científico reniega del legado teórico del austríaco, estas ideas han sido aparcadas en gran medida..., lo cual no significa que se rechace la existencia de los procesos inconscientes. De hecho, en las últimas décadas el estudio de esta vertiente «automática» de nuestra mente ha irrumpido con fuerza en la psicología.

LO INCONSCIENTE, HOY

Las ideas de Freud acerca de la naturaleza de los procesos inconscientes están obsoletas, por lo menos si se quieren aplicar al funcionamiento real del encéfalo. Esto es así en parte porque al no poder ser plasmadas en hipótesis refutables se alejan de los temas que actualmente son investigados por la ciencia, y en parte también porque en la época en la que el padre del psicoanálisis redactó sus textos se conocía muy poco sobre el sistema nervioso. A pesar de que Freud pretendía acercarse a la verdad sobre cómo funciona nuestro cuerpo sin tener que recurrir a explicaciones sobrenaturales, sus investigaciones se basaban en estudios de casos y altísimas dosis de pura especulación. Esto hizo que una gran parte de los psicólogos no adheridos a la corriente psicodinámica despreciase la idea de una faceta mental alejada de la consciencia, y por eso gran parte de las investigaciones realizadas en el seno de esta disciplina se han estructurado sobre el supuesto de que lo importante es lo que captan nuestros sentidos y cómo transformamos esta información en acciones y emociones, sin prestar demasiada importancia a todo lo que vaya más allá de esta causalidad.

Hoy en día, muchas décadas después de que el psicoanálisis fuese intensamente criticado por primera vez desde diversas instancias de la ciencia y la filosofía, el estudio de lo inconsciente es un área de investigación no sólo muy aceptada, sino que cada vez despierta mayor interés. Sin embargo, lo que se aborda a través de las neurociencias y la psicología ya no es aquella noción de lo inconsciente que acuñó Freud, sino que tiene que ver, más bien, con el estudio científico de los procesos automáticos que se desarrollan más allá del alcance de la consciencia. Y nos referimos al «estudio científico» porque hay numerosas pruebas de que los procesos in-

DATO CURIOSO

La corriente psicodinámica se ha caracterizado por resaltar la importancia de la sensibilidad del analista y la necesidad de desarrollar maneras intuitivas de descubrir patrones significativos de entre todas las posibles maneras en las que las fuerzas inconscientes pueden estar expresándose, que son prácticamente ilimitadas. Esto hace que muchos de los textos relacionados con este enfoque tengan un componente lírico y metafórico que dificulta una interpretación clara. Sin embargo, una de las figuras más importantes de la corriente psicodinámica, Jacques Lacan, llegó a expresar sus ideas sobre la psique en forma de figuras matemáticas, probablemente para intentar que sus conocimientos quedasen fijados de una forma lo más objetiva posible. Por ejemplo, llegó a establecer una equivalencia entre el falo (o, mejor dicho, lo que Lacan entendía como el falo) y la raíz cuadrada de -1, hecho que sirvió para que críticos de la filosofía posmoderna, como el científico Alan David Sokal, lo ridiculizaran. Lamentablemente, buena parte de las anotaciones matemáticas que utilizó Lacan son incluso más difíciles de entender que sus textos, y desde luego no son un atajo para comprender su obra sin leer sus escritos.

conscientes existen. Pruebas que, a diferencia de las explicaciones de Freud, dejan mucho menos margen a la interpretación.

El concepto de lo inconsciente que se utiliza actualmente en las neurociencias no tiene nada que ver con la idea freudiana que lo definía como una parte de la psique en la que quedan guardadas ideas sobre recuerdos o representaciones que deben ser escondidas de la parte consciente para no provocar crisis en el individuo. Por el contrario, se entiende que los procesos no conscientes son ejercidos por zonas cerebrales que no intervienen en la generación de lenguaje o que han sido automatizados para que el encéfalo tenga la capacidad de dirigir procesos atencionales a tareas relativamente complejas. Eso significa, entre otras cosas, que la faceta de nuestra vida mental que está alejada de los procesos conscientes puede ser explicada perfectamente sin recurrir a la teoría de las estructuras yoicas. Significa, también, que a diferencia de las estructuras psíquicas asociadas a lo inconsciente de Freud, que estaban definidas por su papel a la hora de regular los pensamientos según los contenidos de éstos, los procesos no conscientes estudiados por la neurociencia y la psicología científica no basan su existencia en la función de ocultar contenidos; simplemente, no necesitan estar ubicados bajo el paraguas de la consciencia para realizar sus tareas.

Ésta no es la única diferencia entre las ideas de Freud y los procesos inconscientes que estudian las neurociencias. Por ejemplo, mientras que según el austríaco los contenidos de lo inconsciente podían «emerger» a la consciencia dándose las situaciones apropiadas, gran parte de los procesos mentales automáticos investigados científicamente hoy en día no pueden pasar a la consciencia de ninguna forma, independientemente del contexto. Sencillamente, nuestro encéfalo no está hecho para que la consciencia pueda llegar a todos los rincones de la mente para «echar un vistazo». Probablemente, la simple existencia de esa posibilidad (por difícil de imaginar que sea un sistema nervioso que lo permita) sería contraproducente, ya que tendríamos un montón de potenciales distracciones.

Actualmente, en los círculos científicos la importancia de lo inconsciente ya no se sostiene sobre un entramado de complejas teorías sobre la psique humana; al contrario, es algo que tiende a darse por supuesto. Entre los argumentos actuales que sirven para explicar la existencia de una parte inconsciente en nuestra vida mental, hay uno que tiene que ver con el hecho de que los seres humanos somos, ni más ni menos, animales. Nuestra mente

DATO CURIOSO

Parte de lo que sabemos sobre la consciencia tiene que ver con los estudios fundamentados en lesiones y disfunciones cerebrales. Por ejemplo, en personas con prosopagnosia se ha comprobado que a pesar de su incapacidad para reconocer caras, presentan una activación fisiológica emocional que no se produce cuando ven caras de desconocidos, lo cual significa que ciertos circuitos neuronales funcionan como si hubieran reconocido a la persona. Otro caso similar se da en pacientes que debido a una lesión cerebral no pueden percibir conscientemente estímulos que les lleguen a través de los sentidos que estén ubicados en su lado izquierdo o derecho, a pesar de que éstos funcionen bien. Pero existen pruebas de que si se les presentan números a través del lado cuya información omiten, el significado de estos símbolos es recordado más tarde y afecta a su desempeño en ejercicios sin que los pacientes se den cuenta.

Otro llamativo ejemplo de hasta qué punto hay procesos inconscientes capaces de realizar de manera autónoma tareas que creemos exclusivas de la consciencia se da en una alteración neurológica llamada «visión ciega», en la que parte de la corteza cerebral asociada al procesamiento de información visual queda dañada, mientras que los órganos encargados de la visión (los ojos y los nervios que los conectan con el encéfalo) permanecen intactos. Técnicamente no deberían ver nada, puesto que la parte del cerebro cuya tarea específica es trabajar con estos datos para crear imágenes accesibles por la consciencia ha sido destruida. Sin embargo, esto sólo se cumple en parte. Una investigación centrada en el caso de un hombre con el centro visual de su cerebro inoperante, demostró que a pesar de que en apariencia era tan ciego como una persona sin ojos, podía «adivinar» el estado de ánimo de una serie de caras. Y también fue capaz de recorrer un pasillo zigzagueante sin tropezar con ninguno de los obstáculos que los investigadores le habían dejado. Era algo inaudito incluso para él mismo, y no se explicaba cómo había podido conseguirlo.

tiene una faceta no consciente porque eso es lo esperable en un organismo que existe como producto de la selección natural: en el reino de los animales, lo normal es tener un sistema nervioso funcional que permita sobrevivir a los organismos (incluso a aquellos que son sociales, como los leones o los babuinos), a pesar de no caracterizarse por tener una consciencia como la nuestra. Los seres humanos tenemos un sentido del «yo» muy desarrollado, pero eso no significa que estemos al corriente de todo lo que pasa en nuestro cerebro, porque no existe ningún motivo para creer que esto deba ser así. Este argumento señala que la faceta mental consciente, lejos de poder ser justificada como un don que Dios nos ha dado para acercarnos a La Verdad, es algo así como un pequeño lujo de la naturaleza, o componente accesorio que existe sobre un montón de procesos neurales verdaderamente importantes. Veamos, pues, lo que sabemos acerca de esta cara oculta de la mente.

... Y LO INCONSCIENTE EN NUESTRO DÍA A DÍA

Se podría pensar que lo inconsciente sólo se apodera de funciones asociadas a la consciencia cuando las estructuras en las que estas últimas se realizan quedan dañadas y que, por lo tanto, investigar casos clínicos no nos dice gran cosa acerca de este tema. Sin embargo, los ejemplos sobre la existencia de los procesos inconscientes abarcan también los casos en los que se investiga el comportamiento de personas sanas. Uno de los ejemplos lo encontramos en el efecto de fiesta de cóctel, es decir, el fenómeno en el que queda expresada nuestra capacidad para prestar atención sólo a un tipo de estímulos auditivos en un ambiente con mucho ruido. Este tema fue investigado en un principio por uno de los primeros grandes referentes de la psicología cognitiva, Donald Broadbent.

Broadbent centró sus estudios en el funcionamiento de la atención, es decir, el modo en el que nuestra mente se centra en cierta información y ciertas tareas que debe resolver y no en otras. Para este psicólogo británico, hablar sobre la atención era hablar sobre un filtro gracias al cual sólo algunos datos pasan a ser procesados por instancias psicológicas relacionadas con la consciencia. De este modo, no nos saturamos intentando trabajar a partir de un inmenso torrente de información que es transmitido constantemente a través de los nervios asociados a nuestros sentidos. Para Broadbent, los mecanismos de la atención nos permiten procesar tan sólo unos pocos datos a la vez, mientras que otros son desechados o sólo pueden ser «recuperados» por nuestra memoria parcialmente.

Ahora bien, ¿qué lógicas guían el funcionamiento de este filtro? En un principio, Broadbent creía que esta especie de selector atencional, al ser automático y funcionar de manera relativamente autónoma y ajena a nuestra consciencia, sólo podía trabajar siguiendo pautas muy simples, fijas y que no dejaban demasiado margen para la improvisación, ya que esta flexibilidad sería propia de los procesos conscientes, los que en principio parecen ser los encargados de llegar a soluciones originales ante problemas imprevistos. Por lo tanto, a partir de una serie de experimentos en los que distintas personas escuchaban distintos mensajes a través de cada oído, llegó a la conclusión de que los contenidos que pasaban a la consciencia eran aquellos que eran transmitidos con una mejor calidad de sonido y aquellos que habían sido recibidos por el canal al que «la mente consciente» prestaba más atención de manera deliberada. Así pues, el filtro atencional actuaba seleccionando contenidos según las características físicas del sonido, o bien se limitaba a dejar que la consciencia tomase los mandos de la tarea, aunque al ser un mecanismo simple y autónomo, sería totalmente ajena a la interpretación, porque en teoría esas funciones tan intelectuales sólo pueden ser realizadas por los procesos conscientes...

Lo cierto es que en realidad sí hay una función interpretativa que se realiza de manera automática y sin necesidad de que intervenga la consciencia. Broadbent falló en su análisis inicial sobre el funcionamiento de la atención, ya que la información que no pasa a la consciencia sí puede ser procesada hasta el punto de hacer que de ella emerja un significado. Volviendo al fenómeno del efecto de la fiesta de cóctel, podemos darnos cuenta de cuándo alguien con quien en ese momento no estamos hablando pronuncia nuestro nombre, y hacer que nuestra atención salte de la persona con la que estamos interactuando a este otro invitado que parece estar hablando sobre nosotros. Y esto a pesar de que lo que oímos más claramente es lo que dice la persona a la que estamos mirando a la cara y a pesar también de que estamos dedicando un cierto esfuerzo a omitir los mensajes que no provengan de ella; el filtro atencional se salta estos hechos y decide que nuestra consciencia sea capaz de captar nuestro propio nombre, ya procesado e interpretado como un fragmento de mensaje que significa algo para nosotros. Más allá de las teorías clásicas sobre el funcionamiento de la atención, el papel del procesamiento inconsciente de datos empapa prácticamente todos los ámbitos de la psicología. De hecho, resulta difícil hablar sobre el estudio de lo inconsciente como si fuese un campo de investigación homogéneo. La variedad de experimentos en los que se indaga sobre el tema es muy amplia, y los ámbitos en los que se pueden aplicar estos descubrimientos también son de lo más variopintos. Sin embargo, si hay un sector en el que el estudio de lo inconsciente ha marcado un antes y un después, éste es sin duda el del marketing y la publicidad. Gracias al estudio de los factores que intervienen en las decisiones de compra sabemos que no sólo no somos nada racionales a la hora de decidir qué comprar y de qué manera hacerlo, sino que además gran parte de este proceso de decisión se articula más allá de lo consciente. El empaquetado del producto, la música de los lugares de compra...; la variedad de factores que nos predisponen a decidirnos por uno u otro producto son casi inacabables, y prácticamente ninguno tiene que ver con la racionalidad. Por ejemplo, se ha comprobado que en ciertas poblaciones la gente tiende a preferir el refresco Pepsi a la Coca-Cola en las catas a ciegas, mientras que pasan a preferir la segunda marca cuando saben lo que están bebiendo..., a pesar de que nieguen que el conocimiento del producto haya influido en su manera de valorar lo que beben.

Otro ejemplo de factores que influyen en nuestro comportamiento de manera inconsciente lo tenemos en lo que se conoce como *priming*. El *priming* es un fenómeno que se produce cuando el hecho de percibir ciertos estímulos tiene un efecto sobre la conducta que se va a producir poco después, y todo esto de manera inconsciente. Un ejemplo de *priming* muy conocido es el que pudo registrar el psicólogo John Bargh y su equipo a través de un sencillo experimento realizado a mediados de los años noventa. En él, se reunió a una serie de voluntarios y se les pidió que realizasen un ejercicio en el que debían formar frases a partir de una serie de palabras que les daba el equipo de investigadores. En la mitad de los casos, gran parte de las palabras que debían utilizar estaban relacionadas con la idea de vejez, aunque de manera más bien sutil, como por ejemplo: perro, canas, pastillas, arrugas, etc. Después de llevar a cabo esta tarea, se pidió a los voluntarios que fuesen

DATO CURIOSO

Uno de los conceptos que enseguida vienen a la mente cuando se habla de *priming* es el del famosísimo experimento sobre la publicidad subliminal en el que supuestamente se habían incluido mensajes visuales ocultos animando al consumo de una determinada marca de refresco entre los fotogramas de una película, de manera que al término de la misma un gran número de espectadores decidían adquirir dicho refresco. Sin embargo, esta experiencia fue un montaje orquestado por el publicitario James Vicary en la década de los cincuenta, tal y como él mismo reconoció años después.

Por otro lado, la publicidad subliminal basada en la colocación de mensajes visuales que proponía Vicary tenía su razón de ser en la idea de que los estímulos no deben ser percibidos de manera consciente, algo que no se cumple en los casos de *priming*.

a otra aula para realizar allí otra prueba. Las personas que habían estado trabajando con palabras que hacían referencia a la vejez tendieron a realizar este trayecto con mayor lentitud que el resto; habían sido influidos mediante *priming*, de manera que un concepto sugerido estaba ejerciendo un efecto objetivo sobre su desempeño motor. Y todo esto, de manera inconsciente.

ENTONCES..., ¿QUÉ ES LA CONSCIENCIA?

Los descubrimientos acerca de lo inconsciente tienen la característica de que no sólo nos hablan sobre los procesos corporales automáticos de los que no tenemos por qué enterarnos; también nos obligan a replantearnos lo que creíamos saber sobre la consciencia.

Esto último no es tarea fácil. De hecho, es una de las eternas asignaturas pendientes de la ciencia y la filosofía: hacer que el mundo de la subjetividad y lo privado encaje con el mundo de lo material y objetivo para darnos una imagen realista de lo que ocurre cuando tenemos la sensación consciente de que ocurren cosas. Afortunadamente, hoy sabemos cosas muy interesantes sobre los procesos materiales que acompañan a la consciencia y que ayudan a definir su naturaleza.

De manera intuitiva tendemos a creer que nuestra consciencia es algo que inicia procesos mentales asociados a la toma de decisiones, la racionalidad y los actos voluntarios. Es fácil suponer que «la mente consciente» es el centro de control de las tareas complejas, los procesos que no pueden automatizarse porque son tan complejos que para llevarse a cabo se necesita que el encéfalo invierta en ellos muchos de sus recursos atencionales. Sin embargo, hay algo que realmente llama la atención respecto a esto: cuando estamos con la mente en blanco, nuestro encéfalo consume prácticamente la misma energía que cuando estamos muy concentrados en una tarea. Eso significa que en los momentos en los que la mente consciente tendría que lucirse haciendo un despliegue de su poder sobre el resto de las tareas automáticas que se están realizando en el sistema nervioso, el consumo de energía del órgano de la mente apenas aumenta de un 1 a un 5%. Este dato, por sí solo, sirve para relativizar la importancia de los procesos conscientes. Pero hay otra cuestión que aún resulta más demoledora para el concepto de la consciencia como algo que controla los actos.

La idea de que en el sistema nervioso muchos mecanismos sean automáticos e inconscientes está muy aceptada, porque al fin y al cabo ciertas tareas rutinarias no necesitan ser supervisadas por la parte consciente, pero... ¿es posible que la consciencia en sí no tenga ninguna función? ¿Podría ser que, simplemente, sea la consecuencia del funcionamiento normal del encéfalo, y no algo con el poder de producir efectos en el mismo?

Hay dos maneras de plantearse esta pregunta. Una de ellas es el planteamiento filosófico, y el otro es más bien científico-técnico. El planteamiento filosófico lo utiliza un campo muy interesante llamado filosofía de la mente, y no nos detendremos demasiado en él. Al respecto diremos que hay una gran variedad de enfoques para definir la naturaleza de lo consciente: desde posturas dualistas en las que se entiende el cuerpo y la consciencia como algo separado, hasta las totalmente materialistas en las que se niega la existencia de lo consciente como algo fundamentalmente distinto de los procesos llevados a cabo por el sistema nervioso, pasando por posiciones intermedias en las que se habla de la consciencia como algo que a pesar de pertenecer al mundo de lo material, puede entenderse como una categoría ontológica válida.

El planteamiento científico-técnico, por su parte, pone más énfasis en la formulación de hipótesis concretas que puedan ser validadas o descartadas. Sin embargo, investigar la consciencia de manera científica es más bien ver la relación entre la sensación subjetiva de consciencia, que sólo puede ser vivida por cada persona de manera privada, y los actos conscientes, que son aquellos hechos objetivos que se producen paralelamente a la aparición de la sensación de consciencia. Esta distinción es importante, porque el hecho de que ciertas funciones cerebrales aparezcan a la vez que la sensación subjetiva de consciencia no significa que ambas sean lo mismo. Pues bien, desde el punto de vista científico-técnico hay una serie de experimentos muy importantes: los experimentos del neurólogo alemán Benjamin Libet.

En la década de los ochenta, Libet reunió a una serie de voluntarios y les pidió que realizasen una tarea sencilla. Tenían que mover un dedo a intervalos de tiempo arbitrarios, y debían avisar en voz alta justo en el momento en el que se dieran cuenta de su intención de mover el dedo, acto que realizaban justo después. Libet observó el sorprendente hecho de que los impulsos neuronales que estaban destinados a producir el movimiento voluntario de mover el dedo aparecían entre 150 y 350 milisegundos antes de la sensación consciente de ir a hacer ese acto. Es decir, que el fenómeno consciente aparecía después de que se hubiera iniciado el acto voluntario. Esto puede interpretarse como una muestra de que la consciencia es poco más que un subproducto de actividades neuronales y que, incluso cuando empieza la cadena de procesos destinados a realizar acciones voluntarias, no es la consciencia la que «transmite la orden». Unos resultados que no sólo aportan información reveladora sobre lo que es la consciencia, sino que también guardan implicaciones filosóficas acerca de lo que es el libre albedrío.

SEGÚN EL ESQUEMA CLÁSICO:

CONSCIENCIA → INICIO DE LA ACCIÓN → FINALIZACIÓN DE LA ACCIÓN

SEGÚN BENJAMIN LIBET:

APARICIÓN DE LA SENSACIÓN CONSCIENTE DEL INICIO DE LA ACCIÓN

INICIO DE LA ACCIÓN ⟶ FINALIZACIÓN DE LA ACCIÓN

UNA MIRADA HACIA EL FUTURO

¿Y ya está? ¿Todo lo que sabemos gracias a lo que un día fue «la ciencia del alma» puede domarse y encajonarse en las páginas de un solo libro? Evidentemente, no. Es más, aunque la psicología haya servido para llegar a conclusiones sorprendentes (algunas de las cuales hemos repasado aquí), también ha llevado a la formulación de preguntas que nunca nos habríamos hecho de no ser por las investigaciones en psicología y neurociencias. Esto no es algo malo, claro; simplemente, es un síntoma de que el conocimiento que tenemos sobre nosotros mismos va progresando, va superando fases y enfrentándose a retos que en un principio no podían afectar a aquella joven e ingenua ciencia nacida a finales del siglo XIX que durante sus primeros años encontraba cierta comodidad en el hecho de tener todo un mundo por descubrir.

Por otro lado, el conocimiento generado por la psicología cada vez es más difícil de explicar a partir de narraciones personales sobre intrépidos científicos que, movidos por intereses personales, idearon un experimento gracias al cual cambió gran parte de lo que sabemos sobre nuestros patrones de conducta. El motivo es que la ciencia es cada vez menos personalista, y si bien siguen realizándose grandes descubrimientos por parte de figuras de renombre, desde hace unas décadas la psicología se construye a partir del trabajo de un inmenso entramado de investigadores, no sólo psicólogos; también economistas conductuales, biólogos y neurocientíficos, antropólogos... Los datos abarcan todos los ámbitos, aunque, eso sí, hay que saber interpretarlo, y, especialmente, con sentido crítico. El motivo es que, tal y como señaló Karl Popper, la información sobre los experimentos que confirman viejas hipótesis y teorías sobre la mente humana no tiene más valor por sí sola que el que le queramos dar, y es mucho más importante quedarse con una perspectiva más global: ¿cuántos estudios refuerzan una hipótesis y cuántos la refutan? De todos estos estudios seleccionados, ¿hay alguno que esté mal diseñado o que sea poco significativo? Cada año se llevan a cabo multitud de investigaciones, y recientemente se está poniendo especial énfasis en la comprobación de cuántos de estos estudios pueden ser repetidos arrojando resultados similares. Por ejemplo, recientemente se ha estado impulsando el *Reproducibility Project*, un esfuerzo coordinado realizado por una multitud de investigadores que han intentado volver a reproducir importantes investigaciones para ver si las conclusiones a las que se llegan son robustas. Los resultados son decepcionantes: una gran parte de las investigaciones no permitían llegar a las mismas conclusiones a las que se llegó la primera vez que se realizaron. El hecho de que haya más gente dedicándose a un ámbito de investigación no tiene por qué traducirse en mayor o más rápido conocimiento, pero sí que equivale a la necesidad de estar más alerta para saber discriminar entre los estudios más válidos y aquellos que tienen menor fundamento.

También es bueno tener en cuenta que aunque la psicología haya tenido décadas para ensayar y distinguir aquello que funciona de lo que no funciona y aquello que es epistemológicamente sólido de lo que no lo es, la sociedad que deben estudiar los psicólogos no ha dejado de cambiar en este tiempo. Eso ha hecho que la psicología se haya adaptado a la irrupción de las nuevas tecnologías. Hoy, las mismas máquinas que hacen más ágil la coordinación entre grupos de investigación han hecho que el abanico de posibilidades de cómo pueden producirse las relaciones interpersonales se haya convertido en un monstruo gigante y bicéfalo que amenaza con destruir el edificio de teorías apiladas que hemos ido construyendo. Con el paso del tiempo y los cambios sociales acelerados que se han ido produciendo, hay muchos fenómenos psicológicos que creíamos conocer totalmente y ya no comprendemos tanto. Por todo esto, la psicología es una disciplina que siempre está en ruta, un área de la ciencia que, habiendo dejado atrás su adolescencia en los últimos años, se adentra en una etapa de juventud que promete ser muy larga. Siempre nuevas cosas por hacer, siempre nuevas cosas por decir y, por supuesto, siempre con nuevas crisis que superar. En ese sentido, no se puede decir que la psicología no se haya empapado de los rasgos humanos de las personas que, en días como hoy, la impulsan a la vez desde miles de rincones del planeta.

BIBLIOGRAFÍA

Archer, J., «Does sexual selection explain human sex differences in aggression?», Behavioral and brain sciences, 32, (2009), pp. 249-266.

Asch, Solomon, «Studies of independence and conformity: A minority of one against a unanimous majority», Psychological Monographs, 70(9), 1956, Whole No. 416.

Bower, Gordon H., «Mood and Memory», American Psychologist, 36(2), (1981), pp. 129-148.

Burbridge, D., «Francis Galton on twins, heredity and social class», The British Journal for the History of Science, 34(3), (2001), pp. 323-340.

Carney, Dana R., Amy J. C. Cuddy y Andy J. Yap, «Power posing: brief nonverbal displays affect neuroendocrine levels and risk tolerance», Psychological Science, 21(10), (2010), pp. 1363-1368.

Cosmides, Leda, John Tooby y Jerome H. Barkow, «Evolutionary psychology and conceptual integration», en J. Barkow, L. Cosmides y J. Tooby (eds.), The Adapted Mind: Evolutionary Psychology and the Generation of Culture, Oxford University Press, Nueva York, 1992.

Csíkszentmihályi, Mihály, Flow: The Psychology of Optimal Experience, Nueva York, HarperCollins Publishers, 2008.

Darwin, Charles, El origen de las especies, Espasa, Barcelona, 2009.

Deary, Ian J., «Intelligence», Annual Review of Psychology, 63, (2012), pp. 453-482.

De Gelder, Beatrice, et al., «Intact navigation skills after bilateral loss of striate cortex», Current Biology, 18(24), (2008), pp. R1128-1129.

Dunbar, Robin I. M. Grooming, Gossip, and the Evolution of Language, Harvard University Press, Cambridge, 1998.

—, «Neocortex size as a constraint of group size in primates», Journal of Human evolution, 22(6), (1992), pp. 469-493.

Edelman, Gerald M., y Giulio Tononi, El universo de la conciencia. Cómo la materia se convierte en imaginación, Crítica, Barcelona, 2005.

Ekman, Paul, *Emotions Revealed: Recognizing Faces and Feelings to Improve Communication and Emotional Life*, Times Books, Helston, 2003.

«Estimating the Reproducibility of Psychological Science», perteneciente a *Reproducibility Project: Psychology*, consultado en <https://osf.io/ezcuj/>.

Ezzyat, Youssef, y Lila Davachi, «What constitutes an episode in episodic memory?» Psychological Science, 22(29), (2010), pp. 243-252.

Festinger, Leon, *A Theory of Cognitive Dissonance*, Stanford University Press, Stanford, 1957.

—, Henry W. Riecken, y Stanley Schachter, *When Prophecy Fails: A Social and Psychological Study of A Modern Group that Predicted the Destruction of the World*, Harper-Torchbooks, Nueva York, 1956.

Forer, B. R., «The fallacy of personal validation: a classroom demonstration of gullibility», The Journal of Abnormal and Social Psychology, 44(1), (1949), pp. 118-123.

Freud, Sigmund, *La histeria*, Alianza, Madrid, 2012 [1895].

—, *El yo y el ello*, Amorrortu, Madrid, 2016 [1923].

Fuster, Joaquín M., *Cerebro y libertad: los cimientos cerebrales de nuestra capacidad para elegir*, Ariel, Barcelona, 2013.

Gillham, Nicholas W., *A Life of Sir Francis Galton: From African Exploration to the Birth of Eugenics*, Oxford University Press, Oxford, 2001.

Hebb, Donald O., *The Organization of Behavior*, Lawrence Erlbaum, Mahwah (Nueva Jersey), 2002.

Herculano-Houzel, Suzana, «The human brain in numbers: A linearly scaled-up primate brain», Frontiers in Human Neuroscience, 3(31), (2009), <doi: 10.3389/neuro.09.031.2009>.

James, William, *The Principles of Psychology*, 2 vols., Dover Publications, Mineola (Nueva York), 1950.

Jung, Carl Gustav, «The Archetypes and The Collective Unconscious», en Jung, C. G., *Collected Works of C. G. Jung* (vol. 9, parte 1), Princeton University Press, Princeton,1981 [1959].

Junqué, Carme, y José Barroso (coords.), *Manual de Neuropsicología*, Editorial Síntesis, Madrid, 2009.

Kirk, Geoffrey, John E. Raven y Michael Schofield, *Los Filósofos Presocráticos. Historia crítica con selección de textos*, Gredos, Madrid, 2013 [1957].

Libet, Benjamin, «Unconscious cerebral initiative and the role of conscious will in voluntary action», The Behavioral and Brain Sciences, 8, (1985), pp. 529-566.

Loftus, E. F., y John C. Palmer, «Reconstruction of auto-mobile destruction: An example of the interaction between language and memory», *Journal of Verbal Learning and Verbal Behavior*, 13, (1974), pp. 585-589.

Lorenz, Konrad, *Studies in animal and human behavior*, 2 vols., Harvard University Press, Cambridge, 1971 [1950].

McCabe, D. P., y A. D. Castel, «Seeing is believing: The effect of brain images on judgments of scientific reasoning», Cognition, 107 (2008), pp. 343-352.

Milgram, Stanley, *Obediencia a la autoridad*, Desclée de Brouwer, Bilbao, 2002 [1974].

Nicholson, I., «"Torture at Yale": Experimental subjects, laboratory torment and the "rehabilitation" of Milgram's "Obedience to Authority"», Theory and Psychology, 21(6), (2011), pp. 737-761.

Nivette, Amy E., Manuel Eisner, Tina Malti y Denis Ribeaud, «Sex differences in aggression among children of low and high gender inequality backgrounds: a comparison of gender role and sexual selection theories», Agressive Behavior, 40(5), (2014), pp. 451-464.

Patihis, Lawrence, Steven J. Frenda, Aurora K. R. LePort, Nicole Petersen, Rebecca M. Nichols, Craig E. L. Stark, James L. McGaugh y Elizabeth F. Loftus, «False memories in highly superior autobiographical memory individuals», Proceedings of the National Academy of Sciences, 110(52), (2013), pp. 20947-20952.

Pegna, Alan J., A. Khateb, F. Lazeyras y M. L. Seghier, «Discriminating emotional faces without primary visual cortices involves the right amygdala», Nature Neuroscience, 8(1), (2005), pp. 24-25.

Piaget, Jean, *El nacimiento de la inteligencia en el niño*, Crítica, Barcelona, 2003 [1952].

Popper, Karl, *Conjectures and Refutations: The Growth of Scientific Knowledge*, Routledge, Nueva York, 2002 [1963].

Quian Quiroga, Rodrigo, L. Reddy, G. Kreiman, C. Koch e I. Fried, «Invariant visual representation by single neurons in the human brain», *Nature*, 435, (2005), pp. 1102 1107.

Rindermann, Heiner, L. Falkenhayn y A. E. E. Baumeister, «Cognitive ability and epistemic rationality: A study in Nigeria and Germany», Intelligence, 47, (2014), pp. 23-33.

Skinner, B. F., «Whatever happened to psychology as the science of behavior?», American Psychologist, 42, (1987), pp. 780–786.

Skinner, B. F., «Can psychology be a science of mind?», American Psychologist, 45, (1990), pp. 1206–1210.

Small, Deborah, George Lowenstein y Paul Slovic, «Sympathy And Callousness: The Impact of Deliberative Thought on Donations to Identifiable and Statistical Victims», Organizational Behavior and Human Decision Processes, 102(2), (2007), pp. 143-153.

Sokal, Alan, y Jean Bricmont, Imposturas intelectuales, Paidós, Barcelona, 1999.

Sowell, Elizabeth R., B. S. Peterson, P. M. Thompson, S. E. Welcome, A. L. Henkenius y A. W. Toga, «Mapping cortical change across the human life span», Nature Neuroscience, 6, 2003, pp. 309-315.

Steinberg, Laurence, Age of Opportunity: Lessons from the new science of adolescence, Houghton Mifflin Harcourt, Nueva York, 2014.

Tolman, Edward C., «Cognitive Maps in Rats and Men», en Roger M. Downs y David Stea (eds.), Image & Environment. Cognitive Mapping and Spatial Behavior, Aldine, Chicago, 1973.

Tortosa, Francisco, y Cristina Civera, Historia de la Psicología, McGraw-Hill, Madrid, 2006.

Williams, Lawrence E., y John A. Bargh, «Experiencing Physical Warmth Promotes Interpersonal Warmth», Science, 322, (2008), pp. 306-307.

Wood, Wendy, y Alice H. Eagly, «A cross-cultural analysis of the behavior of women and men: Implications for the origins of sex differences», Psychological Bulletin, 128, (2002), pp. 699-727.

Yu, Feng, Qing-jun Jiang, Xi-yan Sun y Rong-wei Zhang, «A new case of complete primary cerebellar agenesis: clinical and imaging findings in a living patient», Brain: a Journal of Neurology, 138(6), (2015), pp. e353-e353.

Zimbardo, Philip, El Efecto Lucifer, Espasa, Barcelona, 2008.

Adrián Triglia
Nació en Barcelona el 11 de diciembre de 1988. Es licenciado en Publicidad y Relaciones Públicas y graduado en Psicología por la Universitat de Barcelona, y habiendo terminado sus estudios universitarios la curiosidad le lleva a seguir leyendo todo tipo de libros extraños por su cuenta. Sus áreas de interés se encuentran tanto en los dominios de las ciencias sociales como en los que tienen que ver con la biología y las neurociencias, lo que le ha llevado a tener una visión amplia de la psicología en sus diferentes vertientes. Actualmente combina la formación postuniversitaria con su participación en la web de divulgación «Psicología y Mente».

Bertrand Regader
Nacido en Barcelona el 28 de noviembre de 1989. Es graduado en Psicología por la Universitat de Barcelona y se ha especializado en el ámbito de la psicología escolar. También ha concluido estudios postuniversitarios en economía y ha ejercido como psicólogo educativo y deportivo, aunque actualmente dedica la mayor parte de su tiempo a los ámbitos del marketing digital y la comunicación. En el año 2014 se le ocurrió fundar el portal web «Psicología y Mente» con el objetivo de escribir y divulgar contenidos relacionados con la psicología y las neurociencias. Hoy en día, Bertrand ocupa el cargo de director de «Psicología y Mente», siendo su principal responsable.

Jonathan García-Allen
Nació en Reus el 17 de abril de 1983, y es un psicólogo versátil. Después de graduarse en Psicología por la Universitat de Barcelona, ha obtenido especializaciones en distintos ámbitos: gestión de recursos humanos, coaching, inteligencia emocional y psicología deportiva. Además de ser él mismo un amante del deporte, es experto en bienestar y desarrollo personal, organizacional y deportivo. Es director de Comunicación en la web «Psicología y Mente».